Bienestar emocional y financiero en la empresa familiar

Potentes reflexiones que fortalecerán su familia y empresa

Reny Recarte

WESTBOW
PRESS®
A DIVISION OF THOMAS NELSON
& ZONDERVAN

Derechos reservados © 2017 Reny Recarte.

Todos los derechos reservados. Ninguna parte de este libro puede ser reproducida por cualquier medio, gráfico, electrónico o mecánico, incluyendo fotocopias, grabación o por cualquier sistema de almacenamiento y recuperación de información sin el permiso por escrito del editor excepto en el caso de citas breves en artículos y reseñas críticas.

Este libro es una obra de no ficción. A menos que se indique lo contrario, el autor y la editorial no ofrecen garantías explícitas sobre la exactitud de la información contenida en este libro, en todos los casos se han alterado los nombres de personas y lugares para proteger su privacidad.

Puede hacer pedidos de libros de WestBow Press en librerías o poniéndose en contacto con:

WestBow Press
A Division of Thomas Nelson & Zondervan
1663 Liberty Drive
Bloomington, IN 47403
www.westbowpress.com
1 (866) 928-1240

Debido a la naturaleza dinámica de Internet, cualquier dirección web o enlace contenido en este libro puede haber cambiado desde su publicación y puede que ya no sea válido. Las opiniones expresadas en esta obra son exclusivamente del autor y no reflejan necesariamente las opiniones del editor quien, por este medio, renuncia a cualquier responsabilidad sobre ellas.

Las citas bíblicas marcadas con las siglas RVC han sido tomadas de la versión Reina Valera Contemporánea.® © 2009, 2011 Sociedades Bíblicas Unidas.

Las citas bíblicas marcadas con las siglas RVR1960 han sido tomadas de la versión Reina Valera 1960 © 1960 Sociedades Bíblicas en América Latina, © renovado 1988 Sociedades Bíblicas Unidas. Utilizado con permiso. Reina-Valera 1960 ™ es una marca registrada de la American Bible Society, y puede ser usada solamente bajo licencia.

Las citas bíblicas marcadas con las siglas LBLA han sido tomadas de la BIBLIA DE LAS AMERICAS © Copyright 1986,1995,1997 por The Lockman Foundation. Usadas con permiso.

ISBN: 978-1-9736-0591-1 (tapa blanda)
ISBN: 978-1-9736-0592-8 (tapa dura)
ISBN: 978-1-9736-0590-4 (libro electrónico)

Numero de la Libreria del Congreso: 2017915683

Información sobre impresión disponible en la última página.

Fecha de revisión de WestBow Press: 10/30/2017

A Jesucristo mi Señor y Salvador
y a mi familia por su apoyo incondicional

Índice

Agradecimientos x
Introducción xi

I Naturaleza intrínseca de la empresa familiar 1

1 Soñando con una vida mejor 4
2 El nacimiento de una hija llamada Empresa 7
3 El ADN de la empresa familiar 10
4 Juntos y algo revueltos 13
5 Ni bueno ni malo, todo depende 16
6 Dos caras de la misma moneda 19
7 En el mismo barco 22
8 Acordando la discrepancia 25
9 Alexitima en la empresa familiar 27
10 Limpieza profunda 30
11 ¿Por dónde empiezo a ordenar la empresa familiar? 33

II Siendo parte de la empresa familiar 35

12 Arriba y Abajo 40
13 ¡Qué suerte de padres! 43
14 Reglas claras, amistades largas 46

15 Segunda versus Tercera 48
16 Más gerentes que operarios 51
17 Primero mis dientes y después mis parientes 54
18 Un sistema adicional poco mencionado 57
19 Equidad versus Igualdad 60
20 La edad sí influye 63
21 Claridad total 66
22 No es lo mismo Chana que Juana 69

III Órganos de gobierno de la empresa familiar ... 72

23 Cambio permanente 74
24 Entre más grande, más complejo 77
25 Planificación integral 80
26 Cimientos fuertes 83
27 Acciones estratégicas 86
28 Cuidando la familia empresaria 88
29 Los meros meros 91
30 La prole 94
31 Los jefes 96
32 Nido de águilas 99
33 Cuidadosa selección 101

**IV Recursos para el crecimiento
    sostenible de la empresa familiar** 104

34 Lo intangible se evidencia 107
35 El GPS para la toma de decisiones 109
36 Contra huracanes 112
37 Poner en común 115

38 Impregnando excelencia	118
39 Es el camino, no la llegada	121
40 Verduras en la sopa	124
41 Cuidando al chanchito	127
42 Afrontando el desacuerdo	130
43 Le ayuda o le perjudica	133
44 Blindaje patrimonial	135
V Trascendencia de la empresa familiar	**138**
45 La verdadera motivación	140
46 De manos a manos	143
47 Cambia o le cambian	146
48 La mayor prueba de liderazgo	149
49 Carrera de relevo	152
50 Se nace o se hace	155
51 Impactando su entorno	158
52 Miopía empresarial	161
53 La renovación del águila	163
54 Prioridades	166
55 Legado	168
Referencias Bibliográficas	171

Agradecimientos

Mi gratitud, respeto y cariño para:
Marcia F. Quiróz Flores, por dar lo mejor de sí cada día como madre y empresaria familiar. Su ejemplo y guía me han inspirado a esforzarme para alcanzar mis sueños.
Francisco J. Matamoros, mi esposo, colega y editor privado quien enriqueció el contenido de éste libro a través de su retroalimentación permanente.
Karla J. Benavente Orellana, por animarme a escribir y apoyarme en mis primeros años de emprendedora.

Agradezco profundamente a las familias empresarias que me han abierto sus puertas y regalado invaluables enseñanzas.

A usted, por comprar éste libro y darse el tiempo de compartir conmigo a través de su lectura, ¡muchas gracias!

Introducción

La empresa familiar es la fuerza que mueve la economía mundial y a su vez es uno de los sistemas más sensibles e interesantes que existen.

Si usted es parte de una empresa familiar ya sea que esté involucrado o no en su gestión, seguro que el contenido de éste libro le ayudará a: aclarar dudas, comprender mejor, tomar decisiones con más solvencia y sobre todo fortalecer tanto sus vínculos familiares como empresariales.

El tema de la empresa familiar lo he vivido en carne propia, sé de los aciertos y desaciertos que pueden darse. También he tenido el gran honor de apoyar a través de la consultoría a muchas familias empresarias, por lo que me he dado cuenta de los errores que frecuentemente se cometen en éste entorno, errores que si bien surgen de buenas intenciones terminan debilitando tanto la empresa como la familia.

Comprender que las situaciones tan particulares que vivimos al ser parte de una empresa familiar son más comunes de lo que pensamos, alivia el estrés de creer que somos disfuncionales como familia. Además nos permitirá prepararnos mejor para afrontar las diferentes etapas que usualmente se presentan en la evolución natural de una empresa familiar.

Es importante poner sobre la mesa algunos temas inquietantes y difíciles de abordar por las connotaciones emocionales que les caracterizan, como ser: quién puede trabajar en la empresa familiar, cómo se asignarán los beneficios para cada puesto, cuándo es correcto un ascenso, quién definirá las responsabilidades de los parientes que trabajan en la empresa, el proceso de evaluación de la estructura organizacional, cómo deben tomarse las decisiones empresariales, la desvinculación laboral de un pariente, la seguridad económica del fundador al darse el traspaso generacional, entre otros.

A continuación compartiré con usted palabras de vida del libro de consejería por excelencia *la Biblia*, aprendizajes de la experiencia ajena y propia de las implicaciones de ser miembro de una familia empresaria, y consejos basados en casos reales de empresas familiares que han superado obstáculos y han logrado fortalecerse en el proceso. Por razones de confidencialidad todos los nombres de las personas y empresas han sido modificados.

El formato de éste libro propicia la reflexión personal, el diálogo con miembros de la familia empresaria y la toma de decisiones a través de la aplicación de su contenido.

Sé que todo el esfuerzo y sacrificio que ha hecho para sacar adelante su empresa familiar ha sido con el genuino deseo de proveer lo mejor a su familia. Tengamos la fe y hagamos lo que corresponde en pro de quienes amamos, y de nuestra gallinita de los huevos de oro que es la *empresa familiar*.

Recuerde que no hay que matar a la gallinita sino la fiesta se termina, y no hay que descuidar a la familia porque sino se pierde el sentido de tener huevos de oro.

Con la ayuda de Dios; el bienestar emocional de la familia y el crecimiento económico de la empresa son posibles, ¡atrévase hoy a tomar decisiones para lograr la trascendencia!

I

Naturaleza intrínseca de la empresa familiar

Bienvenidos a un viaje en el que analizaremos juntos la dinámica peculiar que se da en la empresa familiar. Conocer los diferentes componentes de ésta nos permitirá aclarar quiénes somos como personas, familias y empresas.

La empresa familiar usualmente nace como resultado del sueño de su fundador(a), en la medida que pasa el tiempo, el crecimiento natural de la familia y de la empresa se entrelazan iniciando una institución híbrida; donde se integran los parientes haciendo equipo para sacar adelante el negocio que genera el sustento familiar.

Al integrarse la familia a la empresa casi por osmosis se trasladan los valores esenciales de ésta dando vida a una organización que de cierta forma tendrá el ADN familiar. Es una gran bendición y un gran reto a la vez permanecer juntos siendo colegas y parientes, iniciando así una eterna lucha por asumir el rol correcto en el sistema y momento adecuado.

La confianza, sentido de pertenencia, compromiso e identidad compartida que se dan entre sus miembros pueden volverse la causa de su mala gestión o la clave de su éxito, todo dependerá de la madurez, claridad y firmeza con que se administre tanto a la familia como a la empresa.

Para aprovechar al máximo la riqueza de los miembros de la familia que forman parte de la empresa debemos estar de acuerdo en que cada uno puede tener un enfoque diferente sobre algunos temas, esto lejos de incomodar, bien manejado genera riqueza y propicia el avance. No debe asustarnos discrepar al analizar situaciones, lo que si procuremos evitar es el no expresar correctamente nuestros pensamientos y sentimientos porque eso sí que puede hundir una empresa familiar, ya que carcome la unidad y el deseo de continuidad.

Tocará establecer mecanismos adecuados para trabajar de forma permanente en la transparencia, comunicación, entendimiento, perdón y gestión del conflicto.

Otro factor importante que forma parte de una empresa familiar es la propiedad, ser propietario de la empresa agrega responsabilidades y beneficios adicionales que influyen en la conducta y expectativas de sus miembros. En la medida que la familia crece el patrimonio se reparte entre más personas, por lo que debemos tener la madurez de procurar la equidad pero no aferrarnos a la igualdad porque ésta a lo largo de la vida no es posible.

Entender la naturaleza intrínseca de la empresa familiar le permitirá comprender mejor muchas de las situaciones que experimenta en el día a día.

1
Soñando con una vida mejor

Cada empresa familiar nace del sueño de alguien, un sueño motivado por la necesidad, la oportunidad o el deseo de un futuro mejor pero al fin y al cabo el sueño de salir adelante, de emprender, de crear, de independizarse, de lograr más. Es por ello, que el cariño que un(a) fundador(a) de empresa le toma a su creación es real, fuerte y conlleva una implicación emocional.

Estimulando la visión siempre hay un motivo, una razón que da el impulso para tomar la decisión de crear una empresa. ¿Cuál fue su razón? No todos iniciamos por los mismos motivos una empresa. En un estudio que realicé con emprendedores centroamericanos y europeos fue evidente que los primeros emprendían por necesidad, por hambre, porque quedaron sin empleo mientras que los europeos eran movidos más por aprovechar una oportunidad que se les presentó, por realizarse, por aprendizaje, por libertad o independencia. Sea cual sea el motivo al combinarse la visión del fundador con ese detonante se tiene la valentía suficiente para emprender.

Mi madre, una empresaria exitosa en el mundo de la consultoría financiera tuvo como visión proveernos una plataforma económica y académica para que mis hermanas y yo pudiéramos triunfar en la vida, el empujón que la motivó a crear su empresa fue que la despidieron, así estando sola y con 4 hijas pequeñas a quienes alimentar le surgió lo emprendedora. Mientras escribo esto doy testimonio que ella ha realizado su sueño de una vida mejor.

¿Cuál fue su sueño inicial?, ¿qué situación sirvió de detonante para que usted diera el primer paso?, ¿alcanzó ya su sueño? Si es parte de una empresa familiar de varias generaciones, ¿sabe usted qué impulsó al fundador(a) a crearla?

Conocer el origen de la empresa familiar es esencial para que las futuras generaciones valoren lo que ahora tienen y quieran involucrarse en ese sueño que quizás ha evolucionado pero aún sigue siendo el punto de referencia de lo que son como familia empresaria.

Versículo bíblico

"Y el Señor me respondió, y me dijo: «Escribe esta visión. Grábala sobre unas tablillas, para que pueda leerse de corrido. La visión va a tardar todavía algún tiempo, pero *su cumplimiento se acerca, y no dejará de cumplirse. Aunque tarde, espera a que llegue, porque vendrá sin falta. No tarda ya."*

(Habacuc 2:2-3 RVC)

Consejo práctico

Escriba la historia de su empresa familiar y comparta con todos los miembros de la familia ese sueño que le motivó a crear la empresa. Todo comienza por compartir la visión.

2

El nacimiento de una hija llamada Empresa

Aceptar la situación es el primer paso para resolver el problema. Por años se ha intentando sacar de la familia a la hija postiza llamada *"Empresa"*, en lugar de aceptarle y darle el lugar que le corresponde, a eso le llamo luchar contra la corriente; se desgasta, molesta, enoja y frustra sin obtener con ello resultado alguno.

La eterna lucha de no hablar de la empresa en casa genera un estrés innecesario en la pareja y entre los hijos. ¿Por qué odiar a la hija postiza? Quizás porque le roba la atención de ese ser amado que por atender la Empresa le descuida a usted.

Juegue inteligente y acepte la hija postiza, ayude a su familia a aceptarla también, esto facilitará el darle el lugar correcto y reducirá el conflicto.

Un reclamo permanente de muchas esposas, esposos e hijos de empresarios(as) es que quienes trabajan en la empresa familiar sólo hablan de negocios, no importa si están celebrando un cumpleaños, una boda, un funeral o la cena navideña, pareciera que no hay nada más de que hablar.

Debemos comprender que una empresa familiar para su fundador o sucesor tiene un valor sentimental más allá del dinero, no se trata sólo de un negocio; es la realización de una visión personal o el legado de sus antecesores. Por eso la llamo la "*Hija Postiza*", porque es parte de la familia nos guste o no.

En una sesión con un grupo de esposas todas casadas con hermanos que trabajan en el grupo empresarial de la familia, les explicaba que pedirles a sus esposos que dejen el tema empresarial fuera de casa es como pedirles a ellas que no hablen de sus propios hijos. Suena exagerado pero en realidad es así, la dedicación, el esfuerzo y cariño que uno le toma a su empresa es difícil de disimularlo y la verdad no hay porque hacerlo. Eso sí, hay que aprender a no intoxicar siendo monotemático, como lo haría con cualquier otro tema.

Si somos inteligentes, todos como familia cuidaremos de la hija postiza y hablaremos de ella con naturalidad.

Versículo bíblico

"Quien cuida de la higuera, come de su fruto; quien cuida los bienes de su amo, recibe honra."

(Proverbios 27:18 RVC)

Consejo práctico

Los psicólogos dicen que si uno se opone a algo, ese algo persiste pero si se acepta entonces se puede iniciar un proceso de sanidad. Mientras luchen contra la Hija Postiza tendrán un problema familiar, al aceptarla todos podrán vivir mejor, al fin y al cabo no tiene sentido enojarse con la que provee los recursos para el bienestar familiar.

3

El ADN de la empresa familiar

Utilizando como símil el ADN humano que es el responsable del rastro genético de los padres en los hijos, he conceptualizado el **ADN de la empresa familiar** como la esencia cultural de la familia empresaria transmitida a la empresa familiar a través de la interacción permanente de sus miembros en los diferentes sistemas que comparten.

Una empresa familiar nace impregnada de la visión, creencias y valores de su fundador(a) quien se proyecta a sí mismo(a) en la empresa a través del estilo de liderazgo que implementa y su forma de tomar decisiones. Cuando otros miembros de la familia se van integrando a la empresa entonces la filosofía familiar impacta aún más en la gestión de la misma, por lo cual una familia desconfiada tendrá una empresa saturada de desconfianza, una familia ordenada tiende a ordenar la empresa, una familia de trato difícil propiciará un clima organizacional pesado, etc.

Y es que si la empresa familiar es como una hija seguro tendrá los lunares de la familia. Esto es tan potente que con sólo decir su apellido pueden abrirse o cerrarse puertas para hacer negocios porque el entorno suele tipificar el apellido de la familia con el tipo de negocios que hace.

Si el ADN de los propietarios de las empresas familiares está impregnado de optimismo, sacrificio, apertura... eso será notorio en la empresa familiar, lo antagónico también aplica. No podemos pretender criar muchachos consentidos a los que se les da todo bajo la premisa de que no tengan las restricciones que sus padres tuvieron que vivir, y luego querer que estos mismos jóvenes se conviertan en profesionales disciplinados y abnegados en la empresa.

Aronoff y Ward (2001) dicen que "Un sistema de valores resistente y dinámico, quizás sea el mayor legado vivo que una generación puede dejar a la siguiente."

¿Cómo están influyendo las creencias y valores de los miembros de la familia en su empresa?, ¿hay coherencia entre lo que hablan y lo que hacen?

Versículo bíblico

"Por sus frutos los conoceréis. ¿Acaso se recogen uvas de los espinos, o higos de los abrojos? Así, todo buen árbol da buenos frutos, pero el árbol malo da frutos malos. Así que, por sus frutos los conoceréis."

(Mateo 7:16-17, 20 RVR1960)

Consejo práctico

Identifique los valores que rigen la operación de su empresa, no los que tiene colgados en la pared sino los que viven y luego compárelos con los suyos. Haga ajustes si es necesario.

4

Juntos y algo revueltos

Dicen por allí "juntos pero no revueltos", eso no se cumple del todo en la empresa familiar que es considerada "un sistema complejo compuesto de tres subsistemas superpuestos: la propiedad, la empresa y la familia" de acuerdo con Tagiuri y Davis (1996).

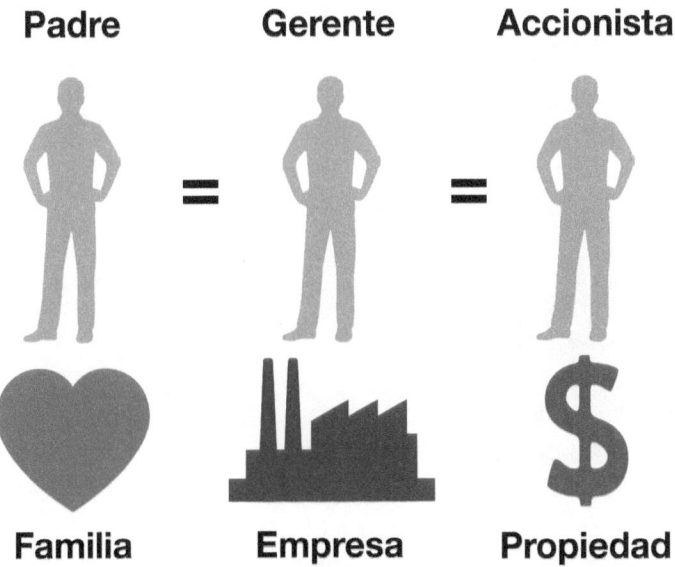

Figura 1. Ejemplo de roles de una persona en una empresa familiar

Así que nos toca jugar diferentes roles de forma simultánea. En mi caso yo soy hija, socia y empleada, esto de tener que adoptar diferentes posturas se vuelve complicado para nuestro cerebro y corazón por lo que usualmente adoptamos el rol que más nos conviene según la circunstancia y no el rol que realmente debemos asumir. Por ejemplo es usual que en una reunión de trabajo un padre al verse cuestionado por su hijo, adopte no la postura de jefe sino de padre generándose de esta manera una escapada elegante que impide avanzar en el tema empresarial.

Hablar de los estados financieros en la fiesta de cumpleaños u organizar una boda en medio del plan de trabajo del mes, vuelve confuso el rol que desempeñamos, procuremos tocar los temas de conversación en coherencia al sistema en que estamos, esto facilitará la comunicación.

Debemos cobrar conciencia de la dinámica interna que se vive en la empresa familiar y disciplinarnos a asumir el rol que corresponde según el lugar y momento, de lo contrario generamos tensión innecesaria tanto en la empresa como en la familia.

Versículo bíblico

"Y todo lo que hagan, háganlo de corazón, como para el Señor y no como para la gente,"
(Colosenses 3:23 RVC)

Consejo práctico

Como proceso de aprendizaje inicie cada reunión recordando a los participantes dentro de que sistema interactuarán si como familia, empresa o propiedad, sobre todo motíveles a hacerlo con la actitud correcta.

5

Ni bueno ni malo, todo depende

¿La confianza es buena o mala?, ¿la tolerancia es buena o mala? Todo depende, he visto empresas ir a la quiebra porque como se confiaba en aquel pariente no se establecieron controles o se toleraba la indisciplina del sucesor tanto que dañó la correcta gestión.

Es importante entender que en la empresa familiar se dan lo que Tagiuri y Davis (1996) definen como atributos ambivalentes que son "características únicas e inherentes en las empresas familiares que tienen la capacidad de fortalecer o debilitar la empresa dependiendo de como se gestionen."

Una de esas características únicas son los roles simultáneos. Sobre esto recuerdo que en una ocasión desperté con un fuerte dolor de cabeza, me sentía realmente mal, en ese entonces yo aún vivía en casa de mi madre así que fui a su habitación, le dije que me dolía la cabeza, yo esperaba recibir el gentil cuidado de mi madre y lo obtuve pero salpicado con la voz de gerente general de la empresa pues me dijo: "tómate esta pastilla para que te mejores, te veo luego en la oficina." Para ser honesta mi madre es una mujer ejemplar pero como yo iba con mi expectativa de hija y no de empleada, me desilusionó mucho la dosis mezclada que recibí. Piénselo bien, si mi mamá no hubiese sido también mi jefa quizás me hubiera dicho: "Hija, tómate algo y llama a la oficina para informar que no puedes ir a trabajar hoy, pide el día libre y descansa."

Esa mezcla de roles genera sabores agridulces en las relaciones familiares, esposas que trabajan con sus esposos, hijos colegas de su padres, hermanos en diferentes áreas de la empresa que se vuelcan en una extraña competencia profesional y afectiva.

No es fácil la adecuada gestión de los atributos ambivalentes pero el primer paso para sacarles provecho es reconocer la existencia de los mismos.

Dentro de los atributos ambivalentes más relevantes Tagiuri y Davis mencionan: "los roles simultáneos, la identidad compartida, la historia común de toda una vida, la implicación emocional y confusión, el lenguaje privado de los familiares, el conocimiento mutuo e intimidad y el significado de la empresa familiar."

Al profundizar en cada uno de las características mencionadas, nos damos cuenta el potencial para edificar o destruir que tienen dependiendo de como sean gestionadas.

Versículo bíblico

"Todas las cosas me son lícitas, pero no todas son de provecho. Todas las cosas me son lícitas, pero yo no me dejaré dominar por ninguna."

(1 Corintios 6:12 LBLA)

Consejo práctico

Identifique qué acciones o conductas son prácticas aceptables dentro de la familia pero no dentro la empresa y viceversa, luego haga lo que tiene que hacer.

6

Dos caras de la misma moneda

Los Laturno, una familia empresaria con una larga trayectoria de éxito empresarial fue aniquilada socialmente ya que se vieron implicados en temas de lavado de dinero. Un día a cualquiera que decía que su apellido era Laturno le abrían las puertas para hacer negocios, y al día siguiente después de la primera detención judicial de uno de sus miembros la gente les cerraba las puertas.

La familia empresaria es tratada como una moneda que en uno de sus lados dice familia y en el otro empresa, la individualidad se vuelve un reto.

Conozco personas que se han sentido abrumadas, llegando a experimentar una sensación de asfixia personal, por estar permanentemente inmersos en un entorno que les demanda cierto tipo de conducta por ser parte de una familia empresaria reconocida. Aunque esto es una realidad, se habla poco del tema y cada miembro de la familia lo supera como mejor puede.

Es habitual que escuche a un padre o madre fundador(a) decir a sus hijos(as) deben dar el ejemplo en la empresa, es nuestro apellido el que esta en juego. Como también reprenderles en casa porque un cliente le comentó haberles visto actuando de manera inadecuada o en un lugar peligroso.

Es una bendición compartir como familia y colegas de negocios, pero hay que aprender a respetarnos y darnos el espacio para aprender, interactuar y oxigenarnos en otros ámbitos. Así permitiremos integrar nuevas ideas, relaciones y conversaciones frescas.

Ser parte de la empresa familiar no debe restringirnos sino potenciarnos como personas.

¿Cómo maneja su familia el hecho de las expectativas que surgen entorno a quienes son y qué hacen como empresarios? Sáquele provecho a esos rasgos que tienen en común y les distinguen en dos ámbitos cruciales de la vida: la familia y el trabajo.

Versículo bíblico

"Quien se junta con sabios, sabio se vuelve; quien se junta con necios, acaba mal."

(Proverbios 13:20 RVC)

Consejo práctico

Es importante impregnar valores en la familia que les sirvan de guía en su comportamiento diario, esto traerá coherencia por conciencia y no tanto por la presión del que dirán.

7

En el mismo barco

Al iniciar un proceso de elaboración de un protocolo familiar usualmente se tiene una reunión de lanzamiento del proyecto con todos los miembros de la familia empresaria, como parte de las actividades realizamos un ejercicio donde hipotéticamente todos abordamos un mismo barco a modo de analogía de lo que somos como empresa familiar; un grupo de personas que deben ir en la misma dirección, cuidando el vehículo que les lleva a su destino deseado.

¿Qué pasaría si usted está en altamar y mira que otro pasajero de forma deliberada está abriendo un agujero en la cubierta inferior del barco, lo dejaría?

Ahora bien, ¿por qué dejamos que malas prácticas gerenciales caven huecos en la empresa familiar cuando la vida de muchos de nuestros seres amados se verán afectadas por ello?

Tomar conciencia que dañar la empresa afectará a la familia empresaria y dañar la familia afectará a la empresa familiar debe estimularnos a corregir actitudes, acciones y métodos que no contribuyen a su crecimiento.

Todos vamos en el mismo barco llamado *empresa familiar*, así que es hora de unir esfuerzos a favor de navegar en las turbulentas aguas de la economía global.

La unidad es una virtud que hace posible la continuidad en la empresa familiar y sobre todo el cuidado correcto de la familia.

Quizás usted piense *demasiado tarde, nosotros no somos unidos en verdad, aparentamos serlo pero no lo somos.* Quiero recordarle que mientras hay vida hay esperanza, es posible limar asperezas y fomentar la unidad. ¡Claro no ocurrirá de la noche a la mañana!, ni pasará si seguimos haciendo las mismas cosas que han provocado la división. Toca hacer cosas diferentes: orar, perdonar, conversar… y entonces tendremos resultados diferentes.

Versículo bíblico

"Uno solo puede ser vencido, pero dos presentan resistencia. El cordón de tres hilos no se rompe fácilmente."
(Eclesiastés 4:12 RVC)

Consejo práctico

Confronte la división y actúe deliberadamente a favor de la unidad familiar. El proceso quizás no resulte agradable ni fácil pero su fruto valdrá la pena. Hoy mismo convoque a su familia y pídales que se unan en oración para recuperar o fortalecer su unidad.

8

Acordando la discrepancia

Ni los dedos de las manos son iguales menos lo somos los diferentes miembros de una familia empresaria, ser diferentes puede verse como un problema o una gran virtud.

La verdad es que la divergencia de opiniones es esencial para el análisis estratégico y crecimiento en la empresa familiar.

Cuando en Proverbios dice "en la multitud de consejeros hay sabiduría" creo que en parte es porque entre muchos se tienen diferentes enfoques de un mismo tema, lo cual es fabuloso a la hora de tomar decisiones. La heterogeneidad de pensamiento es tan enriquecedora que a comienzos de los ochenta Edward de Bono creo una técnica de análisis llamada los seis sombreros donde una asigna sombreros de diferentes colores: blanco, amarillo, verde, rojo, azul y negro. Cada color representa un enfoque particular desde el cual se abordar el punto en análisis. Por ejemplo quien porta el sombrero rojo opinará considerando las emociones y sentimientos implicados en el tema, el sombrero verde es el optimista, el negro se enfoca en lo que puede salir mal, los obstáculos, lo negativo, y así cada color aporta una perspectiva diferente. Esta técnica se utiliza cuando se requiere evaluar concienzudamente una situación y buscar soluciones creativas, lo grandioso de ella es que valora la diversidad de opinión.

Como familia muchas veces al abordar un tema y percibir discrepancia de opinión tendemos a ponernos a la defensiva en lugar de permitir que esto enriquezca los escenarios a considerar.

Es hora de estar de acuerdo en discrepar de vez en cuando, hacerlo además de fortalecer la individualidad de sus miembros genera un impulso para que se produzca la ruptura del estatus quo, promoviendo así la innovación.

Versículo bíblico

"Donde no hay buen consejo, el pueblo cae, pero en la abundancia de consejeros está la victoria."
(Proverbios11:14 LBLA)

Consejo práctico

Previo a iniciar una reunión de trabajo decida estar de acuerdo en discrepar e intenten sacar provecho de la diversidad de opiniones que surjan.

9

Alexitima en la empresa familiar

Al vernos cada mañana surge un buenos días, la pregunta de cortesía: ¿cómo estás? La respuesta automática de "bien gracias" cierra el diálogo y con éste saludo superficial diario asumimos que sabemos como se sienten nuestros familiares.

Nos hemos acostumbrado a guardarnos lo que sentimos por diferentes razones: evitar el conflicto, sentirnos inapropiados, asumir un rol de líder, no preocupar a los demás, etc.

Recuerdo cuando conocí a don Pancracio, un señor muy agradable y trabajador que junto a su esposa habían fundado una empresa familiar hace trece años. Por razones culturales esa pareja había decidido no asignarse salarios sino que doña Felipa sacaba de la empresa el dinero necesario para cubrir las necesidades familiares. En una reunión con don Pancracio, él nos confesó que se sentía avergonzado y sin valía por tener que pedir a su señora dinero cada vez que deseaba comprar algo, pero nunca se lo había dicho para que ella no se sintiera mal. Como parte del trabajo de consultoría que estábamos realizando se sugirió establecer un salario para los miembros de la familia que trabajaban en la empresa y así después de más de una década don Pancracio recibió su primer cheque de pago. Ahora bien, todo el dolor, vergüenza y frustración que experimentó por tantos años se pudo haber resuelto hace tiempo si tan sólo hubiera expresado sus sentimientos a su esposa.

El inhibir nuestras emociones al final propicia más daño que bien, sólo identificándolas y gestionándolas adecuadamente se puede sacar provecho de ellas.

La alexitimia es la incapacidad de identificar y comunicar con palabras nuestras emociones a los demás, inclusive a quienes amamos y aquellas personas con quienes sabemos que podemos contar.

En ocasiones, decimos a los demás que estamos enojados cuando en realidad lo que estamos es desilusionados o preocupados por alguna situación en particular. Confundimos lo que sentimos y proyectamos incorrectamente nuestras emociones.

En un entorno como la empresa familiar, donde la carga emocional se mezcla con el estrés profesional, a veces es confuso identificar con claridad lo que sentimos y mucho más complejo conversarlo con ese jefe que también es su padre o madre, ese colega que es su esposo(a), ese colaborador que es también su hermano(a)...

Hay que hacer un esfuerzo real para conversar en el lugar y tiempo adecuado los temas que nos preocupan, entristecen o alegran. No hay mejor terapia que dialogar en confianza con alguien que le ama.

Si detecta que usted o algunos familiares son alexitímicos, no lo oculte, no es nada porque sentir vergüenza. Eso sí, busquen ayuda profesional y trabajen en mejorar la comunicación. Los resultados se evidenciarán en relaciones familiares y profesionales más saludables.

Versículo bíblico

"Mientras callé, mis huesos envejecieron..."
(Salmos 32:3 RVC)

Consejo práctico

Propicie el diálogo sincero sobre temas relevantes con sus familiares, no se quede en lo superficial. El 93% de la comunicación es no verbal, así que si observa cuidadosamente se dará cuenta cuando alguien está pasando por una situación difícil aunque no lo haya dicho.

10
Limpieza profunda

Es más común de lo que pensamos que en las empresas familiares se propicien situaciones dolorosas difíciles de superar. Cuántos hijos(as) se han sentido poco valorados profesionalmente por sus padres, o padres que resienten el poco compromiso de sus hijos con el patrimonio que a ellos les ha costado toda una vida.

Tíos(as), hermanos(as), sobrinos(as) y hasta abuelos(as) podrían experimentar rechazo a causa de la diversidad de roles que hay que jugar al ser miembro de la empresa de la familiar.

Por lo tanto, sin pretender que todo es perfecto deben crearse los espacios para hacer periódicamente limpieza profunda, por la salud propia, de la familia y la empresa el único camino es el perdón. Tenga en cuenta que perdonar no es necesariamente olvidar de la noche a la mañana, tampoco es producto de sentimientos, el verdadero perdón surge de la decisión personal de liberar en nuestra mente y corazón a aquella persona que nos ha dañado de alguna forma.

Si usted no perdona quien resulta más dañado(a) es usted mismo(a), porque otorga a la persona que le lastimó el poder de seguir hiriéndole a través del recuerdo recurrente de lo sucedido.

Si somos parte de una empresa familiar tenemos que integrar el hábito consciente de perdonar, y seguir adelante trabajando juntos a favor del bienestar de todos.

Viví de cerca el caso del despido de un hijo en una empresa familiar y pude observar lo destructivo que un conflicto puede ser tanto para la familia como para la empresa. Los padres e hijos que se enfrentan ante tribunales por temas laborales, pueden llegar a conseguir la resolución de una demanda pero su relación familiar se fragmenta y toma mucho tiempo en restablecerse si es que logra sanarse.

No esperemos llegar a los extremos, hagamos una buena limpieza emocional cada vez que sea necesario, con la ayuda de Dios será posible superar toda contienda.

Debemos estar claros que mientras trabajemos con otras personas sean familiares o no, habrán situaciones conflictivas. Cristo dijo que debemos *perdonar a nuestro prójimo ilimitadamente*, seguir su consejo trae paz y alegría al corazón.

Versículo bíblico

"Entonces se le acercó Pedro y le dijo: «Señor, si mi hermano peca contra mí, ¿cuántas veces debo perdonarlo? ¿Hasta siete veces?» Jesús le dijo: «No te digo que hasta siete veces, sino hasta setenta veces siete.»"

(Mateo 18: 21-22 RVC)

Consejo práctico

Promueva el perdón como una práctica para fortalecer la dinámica familiar y empresarial. Integre el tema de perdonar como parte del programa de capacitaciones de la empresa y en los devocionales familiares.

11

¿Por dónde empiezo a ordenar la empresa familiar?

En una ocasión llegamos a una empresa familiar donde nos recibiría la gerente general quien es hija de los fundadores. Se tomó su tiempo en recibirnos y cuando al fin nos pasaron a su oficina, ella estaba en pleno proceso de embellecimiento ya que una estilista le estaba haciendo la pedicura. Desarrollamos nuestra presentación y lo interesante fue que la preocupación que ella tenía como gerente de la tienda, era el nivel de indisciplina de sus colaboradores.

Como consultores nos pusimos a trabajar, fueron seis meses intensos creando e implementando un manual de procedimientos completo, con indicadores, controles, etc., todo funcionó bien mientras estuvimos allí. Un año después de haber entregado el proyecto, el padre de Catherine nos llamó a pedirnos apoyo para aconsejarla, él nos explicó que ella había abandonado la empresa dejándola a la deriva, pues en un momento de impulsividad decidió mudarse a otra ciudad para independizarse.

Deseamos tener control y orden en la gestión de la empresa familiar para lo cual implementamos manuales, formatos, procesos y demás. La gran pregunta que surge es, ¿por qué sigue el desorden? La respuesta dolorosa pero real es porque en la mayoría de los casos los miembros de la familia no se sujetan a las normas establecidas, dando el mal ejemplo y provocando el caos.

Debemos empezar a ordenar la empresa trabajando con los miembros de la familia empresaria. De lo contrario, será cuestión de tiempo para regresar a las prácticas incorrectas de toda la vida. Se requiere de una gran determinación y carácter para hacer esto pero es el mejor camino para lograr el crecimiento sostenible de la empresa familiar.

Versículo bíblico

"Pues si un hombre no sabe cómo gobernar su propia casa, ¿cómo podrá cuidar de...?"

(1 Timoteo 3:5 LBLA)

Consejo práctico

Dé el ejemplo pues no funciona que le pida a sus hijos ser ordenados mientras su escritorio parece un campo de batalla. Debemos predicar con acciones y sólo si es muy necesario con palabras.

II

Siendo parte de la empresa familiar

Los seres humanos nacemos con la necesidad de afiliación, es decir, deseamos ser parte de algo mayor a nosotros mismos. Nacemos siendo parte de una familia.

La familia se considera el núcleo primario de la vida social, es donde aprendemos a relacionarnos con otras personas, ser parte de una familia conlleva privilegios y también responsabilidades. En la familia existe una estructura primaria de padre, madre e hijos, el orden de nacimiento de los hijos también influye en su conducta. Dentro de la familia se promueve la tolerancia, igualdad y cuidado mutuo.

Cuando ésta familia se traslada a la empresa se inicia un proceso de expansión en el que integramos un nuevo sistema, en la empresa nos encontramos con objetivos que suelen percibirse antagónicos a la naturaleza familiar como por ejemplo: la eficiencia, equidad y competencia. Al asumir la propiedad de la empresa incorporamos otras responsabilidades y derechos que modifican nuestras expectativas.

También es importante tener en cuenta que las familias empresarias cristianas experimentan el ser parte de un sistema adicional: la iglesia. Participar en diferentes ambientes que exigen de nosotros asumir roles específicos en cada uno es el mayor reto que experimentan los miembros de una empresa familiar cristiana.

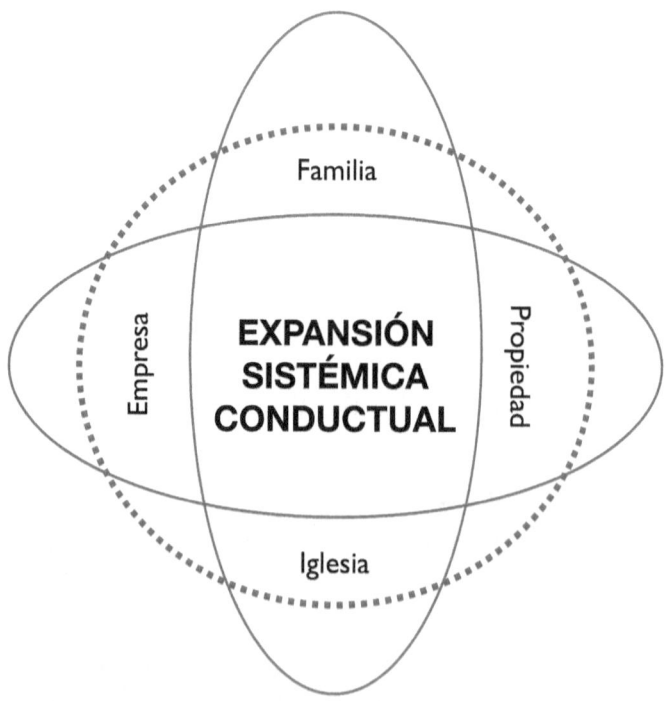

Figura 2. Modelo de expansión sistémica conductual en la empresa familiar cristiana

Casi todos los estudiosos de la empresa familiar nos animan a asumir el rol que corresponde de acuerdo al sistema en que estamos en determinado momento, lo cual tiene mucho sentido y es fácil de comprender la importancia de éste consejo. Ahora bien, después de trabajar con muchas empresas familiares y ser parte de una, me he dado cuenta que no es posible sacar el chip de familia y hablar con mi pariente en la empresa como que si fuésemos dos personas sin ninguna otra relación o viceversa, por lo cual propongo el *Modelo de expansión sistémica conductual en la empresa familiar cristiana*, el cual considera que como seres humanos cada vez que formamos parte de un sistema diferente integramos conductas relacionadas a dicho sistema provocando una modificación interna en nuestra percepción de la realidad de los otros sistemas de los que ya éramos parte.

Así pues, un padre o una madre cuando su hijo(a) entra a trabajar a la empresa, seguirá viéndole como hijo(a) pero esa visión ahora estará influenciada por la información adicional de que él o ella es también su colaborador en el negocio.

Se generan diferentes expectativas y conductas a partir de expandirnos a más sistemas, lo cual explica mejor el porque la dificultad de actuar como si pudiéramos desvincular partes de nosotros mismos al estar en determinado contexto.

Con esfuerzo intencional se puede lograr interactuar eficientemente en cada sistema del que somos parte en una empresa familiar cristiana, para lograrlo debemos permitirnos pensar holísticamente, es decir, considerando la realidad de cada sistema en un todo integrado, esto nos aporta mayor conciencia facultándonos para desempeñarnos mejor en los diferentes roles que asumimos.

Hay otros retos que afrontar al ser parte de la empresa familiar, como por ejemplo; las jerarquías incongruentes que pueden llegar a darse, esto sucede cuando un hermano menor es nombrado gerente general de la empresa y su hermano mayor gerente de mercadeo teniendo éste último que rendir cuentas al gerente general.

Otro reto que abordamos en ésta sección es el hecho que para los padres sus hijos siempre cumplen con el perfil adecuado para las gerencias de la empresa familiar, o el asumir que como hemos trabajado bien con nuestros hermanos será igual cuando la empresa éste en control de los primos.

Las relaciones familiares también son susceptibles cuando hay dinero y beneficios de por medio. La igualdad que se fomenta en el hogar resulta inoperante e inapropiada en la empresa donde se espera un sistema de retribución por desempeño.

Un factor que tiene un impacto en las relaciones familiares dentro de la empresa es la edad de sus miembros, el nivel de tolerancia, proceso de individualización, deseo de demostrar valía, etc. cambian con la edad facilitando o no nuestras relaciones.

El momento en que se encuentre la empresa también cuenta porque no es lo mismo un emprendimiento liderado por su fundador, que una multinacional en etapa de expansión.

Lo que sí es importante en cualquier etapa que se encuentre es la existencia de reglas claras, procedimientos bien definidos, y transparencia en todas nuestras acciones.

12
Arriba y Abajo

El orden de autoridad que usualmente predomina en la familia se basa sobre todo en la edad mientras que en la empresa la autoridad debería otorgarse por el cargo de la persona, cargo que se asume es asignado porque se cumple con el perfil del puesto.

Louis B. Barnes (1988) realizó un estudio sobre jerarquías incongruentes donde trabajo con hijas e hijos menores que eran consejeros delegados:

> Las jerarquías incongruentes se dan cuando los miembros de la familia ostentan dentro de la empresa grados de autoridad no acorde al rol que tienen dentro del ámbito familiar, es decir se espera que el hijo(a) mayor sea jefe del menor dentro de la empresa pero eso no necesariamente ocurrirá así. Cuando se dan ese cruce de autoridades es importante validar correctamente el rol de cada miembro en cada sistema teniendo en cuenta las expectativas que se generan a nivel familiar y empresarial.

Es complicado ser el hermano menor en la familia y a la vez el gerente general en la empresa, o la Beba (hija pequeña) de la casa y la encargada de las finanzas de la compañía.

Recuerdo una familia empresaria compuesta por el padre, madre y dos hijos. Inicialmente el hijo mayor fue el primero en integrarse a la empresa, pasados unos años al concluir sus estudios el hijo menor también entro a trabajar. Ya que el hijo menor tenía título universitario y el mayor no, se decidió que fuese él quien asumiera la gerencia general del negocio. Los conflictos se empezaron a dar y ya que esta familia no contó con los recursos adecuados para gestionar esta situación, al final el hijo mayor salió de la empresa familiar a crear su propio negocio, diluyendo así el patrimonio moral y financiero de la familia nuclear.

Ser parte de la empresa familiar requiere en sí un esfuerzo importante en la comunicación e interacciones de los miembros de la familia, pero cuando se dan jerarquías incongruentes en los sistemas debemos hacer un doble esfuerzo para alinear nuestras visión de cada uno conforme a su rol en cada sistema.

Debemos tener en cuenta que como humanos usualmente adoptaremos el rol de mayor influencia y autoridad independientemente el sistema en que nos encontremos, por lo que de forma deliberada hay que establecer mecanismos, controles y procedimientos que nos ayuden a asumir de manera profesional el papel que nos corresponde en cada situación.

Versículo bíblico

"Así que los primeros serán los últimos, y los últimos serán los primeros."

(Mateo 20:16 RVC)

Consejo práctico

Defina lineamientos que ayuden a clarificar las expectativas, responsabilidades y conductas de acuerdo al cargo que desempeñe cada miembro de la familia empresaria dentro de la empresa. Así mismo, toca establecer en la familia espacios adecuados para hablar sobre la empresa que no interfieran con la dinámica familiar diaria.

13

¡Qué suerte de padres!

Hay empresas familiares donde los fundadores aseguran que sus 5 hijos(as) nacieron con las aptitudes correctas, y tienen todas las competencias necesarias para asumir todos los cargos directivos de la empresa. ¡Qué suerte de padres! ¿Y en su caso es igual?

Uno de los retos que como consultora en empresas familiares a menudo enfrento, es la ilusión de los padres al ver en sus hijos los candidatos idóneos para liderar cualquier área de la empresa familiar.

Existen muchos casos de hijos que sí son los indicados, lo difícil es cuando no lo son y se insiste en colocarles en puestos clave de la empresa familiar. El daño no sólo se hace a la empresa sino también a esos parientes. Además, se envía un mensaje incorrecto a las siguientes generaciones.

Conozco el caso de una empresa familiar exitosa que se encontraba a cargo de la segunda generación cuando tuve la oportunidad de trabajar con ellos, son 4 hermanos cada uno encargado de una gerencia de la empresa, todos sentían una gran pasión por la empresa familiar pero la verdad no todos tenían las competencias adecuadas para cada cargo, por lo cual, experimentaban constantemente la pesada cruz de no lograr satisfacer las expectativas del puesto. Esto ocasionó que la tercera generación tomará decisiones que garantizaban su no inserción en la empresa familiar, uno se hizo médico, otro arquitecto, etc. nadie estudio carreras empresariales ni que tuvieran algún tipo de relación con la empresa familiar.

Hay que reconocer que ser hijo(a) no te vuelve experto(a) en ventas o finanzas, por el bien de la familia y la empresa debemos entender que para profesionalizar la empresa familiar se debe integrar a su gestión sólo los miembros de la familia que lo deseen y cumplan con el perfil del puesto vacante.

Versículo bíblico

"Pero el Señor le dijo: «No te dejes llevar por su apariencia ni por su estatura, porque éste no es mi elegido. Yo soy el Señor, y veo más allá de lo que el hombre ve. El hombre mira lo que está delante de sus ojos, pero yo miro el corazón.»"

(1 Samuel 16:7 RVC)

Consejo práctico

Ya que no todos los hijos(as) serán los profesionales idóneos para asumir cada cargo directivo de la empresa familiar, enséñeles a todos a ser buenos propietarios porque ese rol seguro que si lo asumirán gustosos.

14

Reglas claras, amistades largas

Cualquier tipo de empresa necesita para ser eficiente manuales de procedimientos, estándares y todo tipo de recursos que orienten las acciones de cada uno de sus colaboradores. Ahora bien, una empresa familiar necesita además un protocolo familiar escrito, actual y funcional.

Un protocolo familiar es un documento que reúne los acuerdos de la familia empresaria en relación a la empresa familiar, en él se establecen los lineamientos a seguir en relación a: contrataciones, beneficios, evaluaciones de desempeño, ascensos, sucesión, planes de carrera, cuidado patrimonial, entre otros temas.

Para que pueda darse la continuidad de la empresa familiar es de vital importancia establecer reglas bien definidas que imposibiliten la toma de decisiones en base sólo a sentimientos y emociones.

Como consultores en empresa familiar hemos tenido el gran honor de dirigir el proceso de redacción de muchos protocolos familiares, y puedo decirles que cada uno tiene sus propias peculiaridades porque son el reflejo de las creencias y valores de la familia empresaria.

Hay protocolos familiares que en pro de la armonía familiar establecen que los parientes políticos no trabajen en la empresa familiar. Mientras que otros les dan la bienvenida siempre y cuando cumplan con las competencias requeridas en los puestos que desempeñen.

Lo importante de todo esto es que todos los miembros de la familia tengan un norte concreto en relación a cómo proceder al momento de interactuar en temas empresariales.

Establecer reglas claras para tener amistades largas se vuelve una realidad en el día a día de la empresa familiar.

Versículo bíblico

"siempre y cuando todo se haga decentemente y con orden."
(1 Corintios 14:40 RVC)

Consejo práctico

Invierta en la creación del protocolo familiar y haga de éste documento una guía práctica en la toma de decisiones.

15

Segunda versus Tercera

Jamás la relación que se da entre hermanos será igual a la que se da entre primos, la integración de las diferentes visiones de nuestras parejas enriquecen y vuelven más heterogénea a la familia, por lo tanto, lo que funcionó de maravilla entre hermanos no podemos asumir funcionará igual entre sus hijos y los hijos de sus hijos.

Trabajando con una familia empresaria que ya están en tercera generación, la segunda generación es quien está a cargo y entrando a la gestión la tercera generación. A nivel de segunda generación las hermanas procuran la igualdad salarial y de beneficios, mientras que la tercera generación apela ser reconocida por su desempeño, considerando injusto que ganen igual los primos que se esfuerzan menos.

La evolución de la empresa familiar y de la familia empresaria son aspectos importantes a incluir en la planeación estratégica porque la combinación de ambas necesitan de nuevas estructuras y formas de trabajo.

El nivel de tolerancia entre hermanos nunca es igual que entre primos, la forma correcta de gestionar esto es profesionalizando la empresa familiar. Lo cual implica tratar los temas de empresa con los lineamientos profesionales correspondientes y delimitar la familia dentro del marco de amor que la regula como la institución civil que es el fundamento de la sociedad.

Cada generación tiene sus propias expectativas, sueños y han sido formados en diferentes circunstancias, así que, si usted se ha esforzado tanto para que sus hijos sean bien educados, tengan facilidades y disfruten de la vida, luego no les reproche por tener otro tipo de prioridades.

No tiene sentido creer que las generaciones emergentes trabajarán igual que las anteriores, si así fuese deberíamos seguir enviando los mensajes a través de un fax.

Debemos procurar transmitir los valores esenciales que deseamos perduren en las siguientes generaciones, esa es una labor a cumplir en el día a día y de la cual somos responsables todos.

Reny Recarte

Versículo bíblico

"Corona de los viejos son los nietos, y la honra de los hijos sus padres."
(Proverbios 17:6 RVR1960)

Consejo práctico

Considere las diferentes necesidades generacionales al momento de trabajar con ellas.

16

Más gerentes que operarios

En la empresa familiar de primera y segunda generación fácilmente encontrará más gerentes que operarios, pues en la medida que se integran los hijos(as) a la empresa se crean gerencias para dar el «estatus adecuado» a la siguiente generación.

¿Qué tan saludable es que cada hijo inicie como gerente de área? Todo dependerá de las circunstancias y el proceso formativo que haya recibido el o la joven. Lo que realmente no tiene sentido es inventar gerencias sólo por darle trabajo a un pariente.

Recuerdo una pequeña empresa familiar donde cada hija era gerente de área y debajo de algunos puestos gerenciales no había nadie operando, el mensaje que se envía a los empleados es que los cargos directivos serán ostentados por familiares se justifique o no.

A largo plazo asignar arbitrariamente un puesto con autoridad sin considerar si se llena el perfil o no puede ser más negativo que positivo, aún para la autoestima del miembro de la familia.

Trabajando con la empresa familiar Bunlit, se dio que al terminar el hijo mayor sus estudios universitarios, el padre y fundador de la empresa asumió el cargo de presidente del Consejo de administración y nombró a su hijo gerente general.

El nombramiento fue real pero no así la autoridad y líneas de comunicación, el padre siguió siendo quien orquestaba todo lo operativo en la empresa dejando como decoración a su nuevo gerente general. El daño ocasionado a éste joven fue difícil de manejar porque esta situación provocó la pérdida de su credibilidad ante el personal de la empresa y el resto de la familia.

Es importante validar correctamente la asignación de un puesto sobre todo si es a un familiar, el proceso de selección debe ser transparente permitiendo a profesionales no familiares competir por el cargo. Esto hará que quién resulte seleccionado sea por mérito propio y por ende tendrá el respeto del personal bajo su cargo.

Versículo bíblico

"Y a uno le dio cinco talentos, a otro dos, y a otro uno, a cada uno conforme a su capacidad; y se fue de viaje."
(Mateo 25:15 LBLA)

Consejo práctico

Prepare adecuadamente a sus hijas e hijos y/o demás parientes tanto académicamente como a través de la experiencia laboral para que puedan optar a puestos con autoridad y asumir correctamente las responsabilidades implícitas.

17

Primero mis dientes y después mis parientes

Conversando con don Pedro, quien es fundador de una empresa familiar al llegar a temas relacionados con la propiedad, él espontáneamente expresó: "Primero mis dientes y después mis parientes".

En principio la frase me causó gracia, pero luego entendí la profundidad de dicha declaración.

Aunque existe cariño sincero entre los miembros de la familia a la hora de tomar decisiones que afectan nuestro estatus de vida, usualmente priorizamos cubrir nuestras necesidades. Esto es parte de la naturaleza humana, por lo cual es relevante que quienes somos parte de una empresa familiar ordenemos la familia y empresa cuidando el bienestar mutuo, esto no se da por sí solo, toca trabajar en la definición de criterios a seguir cuando el flujo de efectivo de la empresa ponga a prueba lo que se considerará prioritario o no.

Sin duda alguna, si toca decidir entre una necesidad del núcleo familiar o una necesidad de un pariente político de otra rama familiar, cada quien tendrá un enfoque diferente sobre qué es más importante. Recuerdo un caso, donde 7 socios familiares debían decidir entre pagar su seguro médico o pagar un beneficio que se había establecido a favor de sus parientes políticos, ¿qué pagaría usted?

Todo lo relacionado a dinero y beneficios de los familiares debe estar debidamente regulado para evitar la malversación de fondos. No se puede utilizar la caja chica de la empresa para hacer la compra del supermercado ni pagar la escuela de los niños.

Además cuando la familia es extensa es complicado dar un beneficio a una rama familiar y no darlo a otra, así que, el ordenamiento es vital en la administración de los recursos de la empresa familiar.

Versículo bíblico

"porque si alguno no provee para los suyos, y mayormente para los de su casa, ha negado la fe, y es peor que un incrédulo."

(1 Timoteo 5:8 RVR1960)

Consejo práctico

Las prioridades cambian según las etapas de vida y necesidades que se presentan, como familia deben escribir el orden de prioridad que asignarán a determinadas situaciones. Porque si llegara el momento en el cual el flujo de efectivo no permita cubrir todas las demandas familiares, contarán con pautas que faciliten la toma de decisiones.

18

Un sistema adicional poco mencionado

Viviendo juntos, disfrutando de la propiedad juntos, trabajando juntos, y sirviendo a Dios juntos. Un elemento adicional que merece la pena mencionar es cuando como familia somos parte de la misma iglesia.

En una empresa familiar cristiana podemos llegar a formar parte de 4 sistemas: familia, propiedad, empresa e iglesia.

Asumir el papel correcto en el momento correcto en el lugar correcto puede llegar a ser estresante porque cada institución demanda de sus miembros ciertas conductas, genera expectativas y da derechos que pudieran percibirse a veces de manera antagónica.

Para poder desempeñarnos adecuadamente en los diferentes roles que nos toca asumir, es importante entender el *modelo de expansión sistémica conductual en la empresa familiar cristiana*, el cual nos explica que como seres humanos cada vez que formamos parte de un sistema diferente, integramos conductas relacionadas a dicho sistema, provocando una modificación interna en nuestra percepción de la realidad de los otros sistemas de los que ya éramos parte. En otras palabras, usted seguirá siendo madre o padre aunque su hijo(a) trabaje con usted en la empresa, pero también usted será su jefe, así que como padre-jefe debe hacer lo correcto con su hijo(a)-colaborador(a).

Recuerdo una empresa familiar cristiana donde había mucho resentimiento de los hijos hacia los padres debido a la cantidad de tiempo que ellos dedicaban a labores ministeriales. Además se utilizaban frases como "le voy a decir al pastor de la iglesia que llegas tarde a tu trabajo".

Es una gran fortaleza compartir la fe como fundamento en la familia, la debilidad surge cuando utilizamos el nombre de Dios para manipular a los demás.

También debe tenerse cuidado al contratar hermanos de la fe, es decir, personas que se congregan en la misma iglesia, ya que pueden darse problemas si no se maneja adecuadamente.

Mezclar lo familiar, emocional, espiritual, laboral y societario es posible siguiendo los lineamientos bíblicos de ordenamiento, equidad y buena administración.

Dios es amor, al movernos en la esencia de su ser podemos tener la tranquilidad que todo irá bien. Eso no significa que no habrán tiempos turbulentos, pero sí que podemos contar con que dentro de nuestra barca llamada empresa está quien tiene la autoridad de calmar la tempestad.

Versículo bíblico

"Bienaventurado todo aquel que teme al Señor, que anda en sus caminos. Cuando comas del trabajo de tus manos, dichoso serás y te irá bien. Tu mujer será como fecunda vid en el interior de tu casa; tus hijos como plantas de olivo alrededor de tu mesa."

(Salmos 128:1-3 LBLA)

Consejo práctico

Si somos familia sanguínea y/o espiritual igual debemos trabajar diligentemente, haciendo nuestra parte como que si todo dependiera de nosotros pero con la confianza que en realidad la cosecha depende de Dios.

19
Equidad versus Igualdad

La forma de pago más común que he encontrado en las empresas familiares con que he trabajado es la asignación de los mismos beneficios por generación. Por ejemplo, los fundadores (padre y madre) gozaban de los mismos beneficios, la segunda generación, es decir, los hijos de los fundadores todos ganaban lo mismo independientemente del nivel de responsabilidad que tenían.

Los jóvenes de la tercera generación recibían un mismo salario inicial sin importar la formación, años de experiencia ni lo que el mercado laboral indicara en relación al puesto que les asignaran.

A nivel de los hermanos de la segunda generación habían algunas quejas pero asumían bastante bien el tema de igualdad entre ellos. No obstante, los miembros de la tercera generación se sentían poco valorados por ganar igual entre los primos siendo que habían grandes diferencias en temas de responsabilidad, presión, experiencia profesional, etc.

Es normal tratar de procurar la igualdad en una empresa familiar porque dentro de la familia éste es un principio que nos enseñan nuestros padres, pero en el ámbito laboral la igualdad puede generar conformismo, desmotivación, pasividad y hasta cinismo.

Como empresa lo correcto es establecer la equidad; ésta procura alinear la recompensa con el perfil del puesto, el desempeño del individuo, la referencia del mercado laboral, entre otros factores. John Stacey Adams (1963) explicó éste tema con la "teoría de la equidad laboral que determina la importancia de los motivadores internos y externos del mismo individuo en relación a los demás."

¿Se debe desechar la igualdad y dejar sólo la equidad en la empresa familiar? Hay momentos y situaciones particulares que demandaran una cosa u otra. Debemos utilizar el sentido común, pedir sabiduría y analizar detenidamente que nos mueve para otorgar un beneficio laboral a un colaborador familiar.

Versículo bíblico

"Paguen a todos lo que deban pagar, ya sea que deban pagar tributo, impuesto, respeto u honra."
(Romanos 13:7 RVC)

Consejo práctico

Aplique la igualdad en el trato respetuoso de todos los miembros y anímeles a dar su mejor desempeño con un programa de beneficios basado en la equidad laboral.

20

La edad sí influye

Conversando con mi madre y jefa dentro de la empresa familiar, ella me decía que era más fácil cuidar de los hijos pequeños que cuando ya están grandes, esto tiene sentido no sólo en la familia sino también en la empresa.

En un estudio hecho por John A. Davis y Renato Tagiuri (1989) sobre la influencia de la etapa del ciclo de vida en las relaciones de trabajo, ellos explican que "la calidad de la relación del binomio padre-hijo está relacionado con la edad", es decir, lo bien o lo mal que trabajen el padre y el hijo juntos está influenciado por la edad que tiene cada uno de ellos.

Hay momentos en la vida donde las expectativas, el deseo de ser reconocido, el sentido de independencia, entre otras condiciones afectan como percibimos nuestro entorno.

En muchas ocasiones hemos encontrado familias con resentimientos y dolor en sus relaciones familiares debido a que se les dificulta trabajar juntos. Un padre o una madre que ha fundado una empresa se siente menospreciado(a) cuando su hijo o hija recién graduado cuestiona sus métodos probados con el tiempo, y a la vez, estos hijos sienten que no se les escucha ni se valora su opinión por no permitirles implementar su nuevo conocimiento.

Yo misma en una etapa de mi vida no pude trabajar con mi familia, así que funde mi propia empresa. Quince años después ambas empresas se ayudan entre sí y nuestra relación laboral está impregnada de respeto mutuo. Ahora sí puedo trabajar con mi familia, ¿cómo lo logré? Sencillo, todos maduramos.

¿Qué hacer si estamos pasando por esas edades complicadas? Primero orar mucho y luego establecer funciones y espacios claramente definidos donde cada uno tenga autonomía para aportar valor a la empresa desde sus competencias.

Versículo bíblico

"Honra a tu padre y a tu madre, que es el primer mandamiento con promesa; para que te vaya bien, y seas de larga vida sobre la tierra. Y vosotros, padres, no provoquéis a ira a vuestros hijos, sino criadlos en disciplina y amonestación del Señor."

(Efesios 6:2-4 RVR1960)

Consejo práctico

Si tenemos la capacidad de tratar bien a nuestros clientes cuanto más a nuestros colaboradores familiares. Ayuda a las relaciones el saber lo que se espera de cada quien y enfocarnos hacia la misma visión, independientemente de que cada individuo tenga su propio estilo de liderazgo.

21

Claridad total

Cuando la duda entra por la puerta sólo la transparencia es capaz de sacarla.

Algo que debilita en extremo a las familias empresarias es la intriga, el pensar que se desconoce información o que a pesar de que se decidió conjuntamente algo, igual pueden cambiarlo sin pedir la opinión de los demás.

Cuando la familia trabaja junta en una empresa es prioridad que exista transparencia tanto en las palabras como en las acciones diarias, el precio de la desconfianza es demasiado alto para pagarlo.

La transparencia implica no hacer cosas buenas que parezcan malas ni malas que parezcan buenas, es ser coherente con lo que hablamos, comunicar lo hacemos y rendir cuentas a quien sea necesario. De lo contrario, nuestra imaginación creará problemas que no existen o amplificará situaciones cotidianas causando conflictos innecesarios.

En una ocasión se nos solicitó realizar una auditoría de cumplimiento a todos los miembros jóvenes familiares que ostentaban un cargo dentro de la empresa. La generación adulta pensaba que los cargos que los jóvenes tenían eran más cuestión decorativa que efectiva. Al final del proceso para satisfacción de todos se determinó que existía un alto compromiso de la generación joven y aunque dos de nueve casos no cumplían con la totalidad de las funciones asignadas, sí que todos aportaban muchísimo valor a las empresas.

Esta auditoría rompió con la duda existente de sí los jóvenes empresarios estaban contribuyendo adecuadamente en sus puestos de trabajo, otra duda que se disipó fue si existía equidad laboral o no entre ellos.

La paz mental de trabajar en una ambiente impregnado de transparencia es algo que fomenta la unidad familiar y potencia el desempeño.

Versículo bíblico

"Pero sea vuestro hablar: Sí, sí; no, no; porque lo que es más de esto, de mal procede."
(Mateo 5:37 RVR1960)

Consejo práctico

A favor de la transparencia se debe tener por escrito tanto las funciones de los puestos como sus beneficios, indicadores de desempeño, un procedimiento de rendición de cuentas permanente y dedicar el tiempo suficiente a comunicarse entre sí.

22

No es lo mismo Chana que Juana

Es común confundir los términos: emprendedor, empresa familiar y familia empresaria aunque no son exactamente lo mismo.

"Emprendedor es la persona que identifica una oportunidad y crea una empresa para aprovecharla" (Bygrave y Zacharakis 2004).

Según Chell (2008) "tres rasgos habituales en los emprendedores son: necesidad de logro, control interno y propensión a asumir riesgos. "

La *empresa familiar* nace hasta que el emprendedor integra su familia a la propiedad y/o gestión de la empresa que fundó. Usualmente el crecimiento de la empresa y de la familia se dan naturalmente, de manera que los familiares se incorporan laboralmente en la empresa cuando ésta va requiriendo fortalecer su equipo de trabajo, es entonces que surge en el emprendedor el deseo de continuidad.

La mayoría de literatura académica sobre empresa familiar menciona como requisitos para que una empresa se considere familiar el que la familia tenga: el control en la toma de decisiones, vocación de continuidad, influencia en el gobierno y gestión de la empresa.

En cambio una *familia empresaria* es aquella que está formada por miembros familiares que comparten el deseo de trascendencia en el grupo empresarial del cual son propietarios manteniendo su vínculo familiar. Hablamos de una familia que ha aprendido a trabajar junta, que comparte la propiedad de varias empresas y que desea seguir con esa dinámica.

Son momentos diferentes con necesidades diferentes, el grado de complejidad se incrementa exponencialmente y por ende se necesitan más recursos para su adecuada gestión.

Es motivo de gran satisfacción el saber que las futuras generaciones tendrán mejores oportunidades debido a su esfuerzo.

Versículo bíblico

"Ese día Moisés hizo este juramento: "La tierra donde has puesto el pie será tuya. Será la herencia perpetua de tus hijos, por cuanto seguiste con fidelidad al Señor mi Dios."
(Josué 14:9 RVC)

Consejo práctico

Identifique en qué momento se encuentra usted, porque si ya es una empresa familiar pero sigue trabajando como cuando inició su emprendimiento puede retrasar su éxito.

III

Órganos de gobierno de la empresa familiar

La empresa familiar puede considerarse un ente vivo y dinámico que evoluciona en el tiempo, los órganos de gobierno le ayudan al manejo adecuado de su complejidad.

En ésta sección encontrará reflexiones enfocadas en los cambios que experimenta la empresa familiar y los órganos de gobierno necesarios para atender dichos cambios.

FAMILIA	EMPRESA
Asamblea de familia	Asamblea general de accionistas
Consejo de familia	Consejo de administración
Oficina de familia	Equipo gerencial
Otros comités	Equipo asesor / otros

Figura 3. Órganos de gobierno de la empresa familiar

Los órganos de gobierno deben ser funcionales, en muchas empresas familiares existen los nombramientos sólo de manera decorativa. Un director ejecutivo sin autoridad es una calamidad para la empresa familiar, o un grupo de accionistas sin ejercer sus responsabilidades puede llevar a la bancarrota la empresa.

Pasar de la teoría a la práctica en el tema de los órganos de gobierno, le ayudará a disminuir el riesgo que provoca la carencia de buenas prácticas profesionales.

23

Cambio permanente

Nada permanece igual con el tiempo, las economías cambian, las empresas, las familias e individuos también evolucionan. Aferrarnos a gestionar la empresa familiar como cuando el fundador hacía de todo, por los pocos recursos que se tenían y porque el tamaño del negocio lo permitía, es un lujo que no podemos permitirnos cuando la propiedad de la empresa pasa a una sociedad de hermanos y/o a un consorcio de primos, pues la complejidad empresarial se incrementa considerablemente.

De acuerdo al modelo evolutivo planteado por Gersik, Lansberg, Desjardins y Dunn (1999) "la evolución de la empresa familiar debe entenderse desde cada uno de sus sistemas: familia, propiedad y empresa."

Gimeno, Baulenas y Coma-Cros (2010) explican que "los modelos de gestión evolucionan en las empresas familiares iniciando desde el modelo capitán, modelo emperador, modelo equipo familiar, modelo familia profesional, modelo corporación y modelo grupo de inversión."

¿Qué modelo de gestión debería tener su empresa?, ¿cuál tiene actualmente?

Es crucial que se establezca la estructura organizacional acorde a las necesidades reales de la empresa familiar para que pueda continuar creciendo.

Recuerdo a la familia Silantry, al morir los fundadores de la empresa sus hijos hicieron crecer el negocio exponencialmente, pasaron de dos agencias a tener presencia nacional. Lo lamentable, es que cuando la gente preguntaba ¿a qué se debió su cambio de estrategia? la respuesta era que los señores fundadores habían fallecido y ahora estaban a cargo la nueva generación. En demasiadas ocasiones se espera hasta la muerte del fundador para hacer los cambios que la estructura organizativa requiere para competir en un mundo globalizado.

Como fundadores debemos promover el avance, como sucesores dejemos a un lado las excusas y actuemos ya.

Versículo bíblico

"Cuando yo era niño, hablaba como niño, pensaba como niño, razonaba como niño; pero cuando llegué a ser hombre dejé las cosas de niño."

(1 Corintios 13:11 LBLA)

Consejo práctico

Establecer la estructura organizacional adecuada requiere de una evaluación constante del crecimiento de la empresa y la familia, no se aferre al pasado ¡evolucione!

24

Entre más grande, más complejo

Gimeno, Baulenas y Coma-Cros (2010) proponen "analizar la empresa familiar a través de la fórmula: Complejidad de la familia + Complejidad de la empresa – Desarrollo de la estructura = Riesgo estructural."

La complejidad de la familia implica cantidad de ramas familiares, ciclos de vida, los diferentes roles, historias e intereses que tengan.

Es sencillo tomar decisiones y organizar a la familia cuando están sólo el padre, la madre e hijos pero cuando esos hijos crecen, se casan, tienen hijos... se requiere de otro tipo de mecanismos para cuidar de la unidad familiar y la sana interacción con la empresa.

Trabajando con empresas familiares que están en quinta generación nos hemos encontrado con 44 accionistas familiares, y ellos sólo son los propietarios, el tamaño de familia es de casi 300 personas. No era viable reunirlos en un salón cada quince días para definir temas del protocolo familiar, el tamaño de la familia era un reto a superar así que se trabajó con delegados por ramas familiares para agilizar el proceso. Por otro lado, hemos trabajado con empresas donde aún los fundadores padre y madre están sólo con sus hijos jóvenes, la dinámica es completamente diferente.

La complejidad de la empresa se incrementa debido a su tamaño, número de empleados, número de plantas, el nivel de diversificación de producto, grado de internacionalización, la integración de su cadena de valor y el tipo de sector en el que opera, etc.

Cuando en la empresa familiar sumamos la complejidad de la familia más la de la empresa, es evidente que hay que establecer la estructura correcta que le sostenga para reducir su riesgo.

El desarrollo de la estructura deberá considerar los órganos de gobierno adecuados, la definición de reglas claras entre ser familia, propietario o gestor, la profesionalización de la empresa, establecer buenas prácticas gerenciales, trabajar en la comunicación y sucesión.

Todo lo anterior permitirá reducir el riesgo de que la estructura de la empresa familiar colapse debido a su grado de complejidad.

Versículo bíblico

"Pero el suegro de Moisés le dijo: «Esto que haces no está bien, pues te cansarás tú, y también se cansará este pueblo. Este trabajo es demasiado pesado para ti, y no vas a poder hacerlo tú solo. Préstame atención, que voy a darte un consejo, y que Dios te acompañe. *Preséntate ante Dios en lugar del pueblo, y somete a su juicio todos los problemas. Enséñales a ellos las ordenanzas y las leyes, e indícales cómo deben conducirse, y qué deben hacer.* Además, escoge de entre el pueblo algunos hombres respetables y temerosos de Dios, confiables y nada ambiciosos, y ponlos al frente de grupos de mil, cien, cincuenta y diez personas. Que se ocupen ellos de juzgar al pueblo en todo momento, que dicten sentencia en cuestiones menores, y que a ti te remitan todo asunto de gravedad. Así aligerarás tu carga, pues ellos la llevarán contigo."

(Éxodo 18:17-22 RVC)

Consejo práctico

Una empresa familiar con una alta complejidad no debería ser sinónimo de burocracia.
¿Es su estructura organizacional ágil?

25

Planificación integral

La empresa Fresquito Rico nos llamó para ayudarles a crear su protocolo familiar, estaban en los puestos directivos los miembros de la cuarta generación.

Al trabajar el tema de la continuidad de la empresa familiar fue triste encontrarnos con que la quinta generación estaba completamente desasociada con la empresa. Éste tipo de situación se da en parte, por no trabajar con una planificación integral que considere cada uno de los sistemas de la empresa familiar.

Carlock y Ward (2003) mencionan "la importancia de realizar un proceso de planificación paralela para integrar y equilibrar el pensamiento y acciones de la familia y la empresa."

Debe existir una visión compartida de su futuro para poder avanzar correctamente, en las empresas familiares cristianas deben considerarse también aspectos como los llamados ministeriales que pudieran tener algunos de los miembros de la familia empresaria.

Debemos trabajar en un plan estratégico y un plan de continuidad que se complementen mutuamente, desarrollando tanto la estructura organizacional de la empresa como la estructura de apoyo para la familia empresaria.

En ocasiones creemos que por ser familia no necesitamos sentarnos a planificar, ésta forma de pensamiento puede convertirse en el eslabón débil de la empresa familiar, llevándonos a ser nosotros el cuello de botella para el crecimiento empresarial.

Desarrollar el plan de sólo un sistema de la empresa familiar es un problema a mediano plazo, porque llegará el día que como en la empresa Fresquito Rico descubramos que uno de los otros sistemas (propiedad, familia, empresa) no está preparado para seguir creciendo juntos.

El tiempo que dediquen a trabajar en un plan integral para su empresa familiar será recompensado con creces y facilitará el éxito a largo plazo.

Versículo bíblico

"Porque ¿quién de vosotros, queriendo edificar una torre, no se sienta primero y calcula los gastos, a ver si tiene lo que necesita para acabarla?"

(Lucas 14:28 RVR1960)

Consejo práctico

Revise hoy si sus planes están considerando los aspectos: familia, empresa, propiedad y fe. Si le falta alguno priorice incorporarlo.

26

Cimientos fuertes

Cuando se quiere edificar una estructura grande se deben poner cimientos fuertes para que la sostenga. Es igual cuando se desea construir una empresa familiar que trascienda en el tiempo, debe contar con órganos de gobierno que le sirvan de soporte firme para su crecimiento.

Entenderemos como órganos de gobierno de la empresa familiar o gobierno corporativo todo lo relacionado a los procesos y estructuras encargadas de la dirección y control de la empresa familiar. Estos órganos facilitan la toma de decisiones, el control y el desempeño.

La empresa familiar para su buen funcionamiento debe tener órganos que se enfoquen en los sistemas: familia, empresa y propiedad.

Los órganos de gobierno que usualmente se establecen para el cuidado de los intereses de la familia en relación a la empresa familiar son: la asamblea de familia, el consejo de familia, oficina de familia y comités.

Más enfocados en la empresa y propiedad están: la asamblea de accionistas, el consejo de administración, el equipo gerencial y equipo asesor.

Todos los órganos de gobierno deben definirse por escrito especificando sus funciones, quiénes pueden ser parte, la vigencia en los cargos, responsabilidades y derechos, entre otras cosas. Lo crucial es que exista claridad en los roles de cada persona que forma parte de ellos.

Una de las ventajas de contar con los órganos de gobierno adecuados, es que las decisiones importantes recaen sobre equipos especializados y no sólo en una o dos personas.

Versículo bíblico

"Semejante es al hombre que al edificar una casa, cavó y ahondó y puso el fundamento sobre la roca; y cuando vino una inundación, el río dio con ímpetu contra aquella casa, pero no la pudo mover, porque estaba fundada sobre la roca."

(Lucas 6:48 RVR1960)

Consejo práctico

Defina los órganos de gobierno de su empresa familiar, aclare los roles y cree mecanismos para garantizar el mejor desempeño de cada uno. No caiga en la trampa de poner la misma persona como Presidente de todos los consejos, porque entonces no estará haciendo nada. Integre profesionales competentes que le aporten conocimiento y estrategia a su negocio.

27

Acciones estratégicas

El órgano de gobierno de la empresa encargado de realizar acciones de carácter estratégico es el consejo de administración o junta directiva, sus miembros deben complementarse mutuamente en relación a sus competencias.

La mayoría de empresas familiares vuelven al consejo de administración un peón más del juego operativo. Si los miembros del consejo de administración se enfocan en la micro-administración de la empresa seguramente en poco tiempo perderán su perspectiva estratégica del negocio.

El tamaño de la Junta directiva y su composición dependerán del tamaño y complejidad de las operaciones de la compañía. Se considera razonable que tenga de cinco a nueve miembros.

Como parte de sus funciones el consejo de administración-junta directiva debe definir la estrategia de la empresa, supervisar su implementación, velar por el adecuado desempeño del equipo gerencial, asegurar los recursos financieros necesarios, comunicar a los propietarios y partes interesadas información relevante sobre la empresa familiar.

Es de suma importancia que se elija bien cada miembro del consejo de administración para que éste pueda generar valor a la empresa. Cuando los integrantes de éste órgano son también parte del equipo gerencial se suelen mezclar las funciones y perder el enfoque.

No debe existir el eterno Presidente del consejo de administración sólo porque es un familiar querido, el hermano(a) mayor o el padre-madre, quien funja en ese cargo tiene una gran responsabilidad ante la asamblea general de accionistas y debe cumplir con sus expectativas, de lo contrario hay que buscar al candidato adecuado sea o no de la familia.

Versículo bíblico

"Entonces los doce convocaron a la multitud de los discípulos, y dijeron: No es justo que nosotros dejemos la palabra de Dios, para servir a las mesas."
(Hechos 6:2 RVR1960)

Consejo práctico

Haga una lista de las actividades realizadas por los miembros de su consejo de administración para comprobar si se están enfocando en la estrategia empresarial o en el día a día operativo.

28

Cuidando la familia empresaria

La familia es parte vital de la empresa familiar, es la familia quien transmite sus valores a la empresa y también quien tiene la posibilidad de complicar su gestión.

Cuando una familia es pequeña es más fácil orientarle en su relación con la empresa pero cuando los hijos se casan y tienen hijos, y esos hijos tienen hijos, la dinámica cambia drásticamente, es entonces que el consejo de familia cobra protagonismo como ente regulador entre la familia y la empresa.

El consejo de familia es el órgano de gobierno encargado de cuidar los intereses de la familia propietaria en relación a su empresa. Sirve como canal de comunicación entre los familiares acerca de temas de la familia y de la empresa familiar.

A través de éste órgano se procurará mantener relaciones saludables entre todos los miembros familiares, estimulando y conservando los valores, unidad y entendimiento familiar.

Este consejo sirve a la familia de la misma manera que el consejo de administración lo hace a la empresa. Promueve la comunicación, la educación de las generaciones emergentes y la resolución de conflictos familiares que tengan inferencia en la empresa.

Los miembros del consejo de familia deberían ser personas con buenas relaciones familiares, prudentes, íntegras, de buenos hábitos, con capacidad de negociación y liderazgo.

Algunas de las funciones del consejo de familia son: desarrollar un sueño o propósito compartido como familia, asegurar la aplicación del Protocolo familiar, fijar mecanismos para resolver conflictos entre miembros de la familia en el desarrollo de su actividad laboral y fomentar en los familiares más jóvenes el interés por la historia de la familia y la empresa.

Versículo bíblico

"Amémonos unos a otros con amor fraternal; respetemos y mostremos deferencia hacia los demás. Si algo demanda diligencia, no seamos perezosos;..."
(Romanos 12:10-11 RVC)

Consejo práctico

Si su familia es grande y aún no cuenta con un consejo de familia es importante que aprenda más al respecto, busque asesoría e implante éste potente órgano de gobierno, verá como genera balance en la toma de decisiones. Si ya lo implementó otórguele la autoridad y recursos para que funcione adecuadamente.

29

Los meros meros

La mayor autoridad en una empresa son sus propietarios, dependiendo del tipo de sociedad el órgano de gobierno que les aglutina puede llamarse diferente, por ejemplo en una sociedad anónima se habla de la asamblea general de accionistas mientras en una responsabilidad limitada es la asamblea general de socios.

La asamblea general de accionistas se rige por las normas jurídicas y estatutarias aplicables según la jurisdicción y voluntad societaria.

No todos los dueños de una empresa tienen los mismos intereses y expectativas, así que satisfacerles no siempre es fácil.

Negreira y Negreira (2012) presentan:

> la matriz del accionista considerando las variables implicación emocional con la empresa y grado de capacitación gerencial. A partir de esto, proponen

la existencia de cuatro tipos de accionistas: el accionista exigente con la gestión, el accionista exigente con los resultados, el accionista exigente con la liquidez y el accionista acomodado. En la medida que se está menos implicado emocionalmente con la empresa el accionista tiende a ser más exigente con los resultados y la liquidez.

Debemos enseñar a las siguientes generaciones a ser buenos propietarios, ya que con el correr de los años la mayoría quizás no estén implicados en la operación diaria de la empresa, pero pueden aportar valor desde su función de dueños. Recordemos que es la asamblea general de accionistas quienes definen la visión de la empresa familiar y aprueban temas de reinversión, repartición de dividendos, elección de la junta directiva o consejo de administración, etc.

Ser miembro de la asamblea general de accionistas debe tomarse con la seriedad que implica el tener responsabilidades y derechos. Las estadísticas demuestran que cuando la propiedad cambia de manos de una generación a otra muchas veces la empresa no logra sobrevivir al traspaso, esto es en parte porque los nuevos accionistas/socios no estaban preparados para asumir su rol.

Versículo bíblico

"También dijo: Un hombre tenía dos hijos; y el menor de ellos dijo a su padre: Padre, dame la parte de los bienes que me corresponde; y les repartió los bienes. No muchos días después, juntándolo todo el hijo menor, se fue lejos a una provincia apartada; y allí desperdició sus bienes viviendo perdidamente."

(Lucas 15:11-13 RVR1960)

Consejo práctico

El compromiso con la empresa familiar se inculca aún antes de transferir las acciones a las siguientes generaciones, se siembra desde que lleva a su hijo en sus vacaciones a hacer pasantías en la empresa y le hace conciencia de su valor para la familia. ¿Qué está haciendo usted hoy para que sus descendientes lleguen a ser buenos propietarios?

30

La prole

La asamblea de familia es una reunión de toda la familia con intereses o inquietudes relacionados a la empresa familiar, en la que el motivo de encuentro es el tratamiento de las cuestiones vinculadas con la empresa familiar. Permite fortalecer la historia y valores de la familia, la comunicación y la renovación de los lazos familiares, opera conjuntamente con el consejo de familia.

Para un funcionamiento eficaz, es fundamental que todo familiar participe voluntariamente y que tenga pleno uso de la palabra.

La asamblea de familia suele reunirse una o dos veces por año, lo cual ayuda a evitar cualquier conflicto potencial que pudiera surgir debido al desconocimiento de ciertos temas de la empresa familiar.

A la asamblea de familia se convocan sólo a los miembros de la familia que tienen relación con la empresa familiar directa o indirectamente, es muy importante tener esto en cuenta. Recuerdo una familia bien intencionada que sin entender el funcionamiento de la asamblea familiar invitó a toda la familia extendida; tíos, primos, abuelos, parientes que nada tenían que ver con su empresa familiar, el resultado fue desagradable porque varios de los participantes sintieron que los invitaron sólo para mostrarles todo lo que como familia nuclear tenían.

Si la familia es numerosa es conveniente programar la asamblea de familia cerca de fechas donde usualmente se reúnen todos, por ejemplo: navidad, día de la madre, día del padre, etc.

Cuando la familia propietaria tiene una visión compartida del futuro de su empresa sus probabilidades de éxito aumentan considerablemente.

Versículo bíblico

"Estas palabras que hoy te mando cumplir estarán en tu corazón, y se las repetirás a tus hijos, y hablarás de ellas cuando estés en tu casa, y cuando vayas por el camino, y cuando te acuestes y cuando te levantes."
(Deuteronomio 6:6-7 RVC)

Consejo práctico

Tengamos presente que todo el esfuerzo diario realizado en la construcción de una empresa familiar sólo tiene sentido si como familia luchamos juntos por el bienestar mutuo. A veces toca alentarnos y re-enfocarnos.

31
Los jefes

La alta gerencia es el motor que ejecuta el plan estratégico aprobado por el consejo de administración, su desempeño influye directamente en los resultados de la empresa.

Cada miembro de la alta gerencia debería cumplir con el perfil adecuado para el puesto independientemente si es parte de la familia o no, ya que el buen funcionamiento de la empresa familiar está sobre los hombros de los ejecutivos a quienes ponemos a cargo.

Es habitual que en las empresas familiares se reserven los puestos gerenciales para los parientes por razones de confianza y cariño, pero si deseamos profesionalizar la empresa el procedimiento de selección del equipo gerencial debe ser objetivo y basado en competencias.

No se hace un bien a un(a) hijo(a) asignarle un puesto gerencial sin tener las habilidades y experiencia necesarias, esto puede provocar que los colaboradores no le respeten profesionalmente hablando, o que la persona que fue asignada se siente frustrada por no lograr los objetivos esperados. Además, ahuyenta a los ejecutivos con talento que no son familiares.

En la compañía consultora Yaxex el gerente general y socio mayoritario asignó a su hijo recién graduado de psicología a la gerencia de mercadeo, el resultado a corto, medio y largo plazo es lógico, nunca se alcanzaron las metas de ventas y por otro lado el joven ejecutivo se sentía fuera de lugar en la empresa.

La alta gerencia debe estar compuesta de profesionales esforzados, con la visión integrada en sus acciones, dispuestos a caminar la milla extra a favor de la empresa familiar.

Versículo bíblico

"Esfuérzate y sé valiente; porque tú repartirás a este pueblo por heredad la tierra de la cual juré a sus padres que la daría a ellos. Solamente esfuérzate y sé muy valiente, para cuidar de hacer conforme a toda la ley que mi siervo Moisés te mandó; no te apartes de ella ni a diestra ni a siniestra, para que seas prosperado en todas las cosas que emprendas."

(Josué 1:6-7 RVR1960)

Consejo práctico

Motive a su equipo gerencial, déle la autoridad y recursos necesarios para implementar la visión, misión y valores definidos en la empresa familiar. Llámeles hoy y pregúnteles que más necesitan para poder cumplir con la tarea encomendada.

32

Nido de águilas

En las familias numerosas y con un alto nivel de bienestar económico se hace necesario instituir la oficina familiar, que es el órgano de gobierno familiar responsable de orientar y apoyar a la familia en temas como: seguros médicos, blindaje patrimonial, planes de carrera, cultura familiar, protocolo familiar, organización de la asamblea de familia, entre otros.

La oficina de familia trabaja bajo la supervisión directa del consejo de familia y sirve a la familia como la alta gerencia a la empresa, es un centro altamente operativo cuyo objetivo primordial es el bienestar de la familia empresaria.

Por ser el órgano de gobierno responsable de proveer los recursos para el desarrollo adecuado de las siguientes generaciones le llamo *nido de águilas*. De forma programada la oficina de familia trabaja con las generaciones emergentes en su formación como profesionales competentes para que puedan asumir el liderazgo de la empresa familiar en el momento correcto.

Contar con una oficina de familia es un gran apoyo para el consejo de familia porque quienes laboran en ella facilitan el cumplimiento de los compromisos familiares.

Las personas que trabajan en la oficina de familia tienen que ser muy confidentes, sean familiares o no, porque tendrán acceso a información sensible. El tiempo que alguien sea parte de la oficina de familia dependerá en gran medida de su desempeño profesional.

En empresas familiares cuyo grado de complejidad familiar es bajo es el consejo de familia quien usualmente asume las funciones descritas de la oficina de familia.

Versículo bíblico

"Como el águila que excita su nidada, revolotea sobre sus pollos, extiende sus alas, los toma, los lleva sobre sus plumas..."
(Deuteronomio 32:11 RVR1960)

Consejo práctico

Una familia unida no es producto de la casualidad sino de un trabajo diario planificado, ¿qué tan organizado(a) está en relación al cuidado de su familia? Pregúntese ¿cómo puede mejorar la comunicación familiar y satisfacer las necesidades de su familia? No todas las necesidades son financieras, algunas son emocionales, espirituales o de otros tipos.

33

Cuidadosa selección

Cuando elige a alguien para ser parte del liderazgo de su empresa familiar le da acceso tanto a su empresa como a su familia porque ineludiblemente así es. Por lo tanto, hay que dedicar el tiempo suficiente y utilizar los recursos necesarios para seleccionar a las personas correctas.

Contar con el perfil de cada puesto ayuda en la búsqueda del candidato, nunca se salte el paso de verificar referencias, puede evitarse un gran dolor de cabeza.

Cada órgano de gobierno de la empresa familiar tiene un impacto directo en ella, así que quienes les integren deben pasar por todos los filtros necesarios para asegurar que su aporte será justo lo que se necesita.

Es saludable incorporar consejeros externos, porque agregan una visión fresca, aportan objetividad a los procesos de toma de decisiones y pueden completar las áreas de conocimiento en que los familiares no son fuertes.

Personas capaces forman empresas capaces, también es cierto lo contrario. Haga una selección minuciosa de las personas que conformarán su equipo de trabajo.

Recuerdo el caso de unos hermanos que al fallecer su padre quedaron con una estructura organizacional débil, así que, quien fungía de gerente general le pidió ayuda a un abogado para organizar la empresa. Lamentablemente el abogado les incitó a disolver la sociedad mercantil. Estos hermanos pasaron por una experiencia innecesaria que les debilitó como familia y por supuesto como empresa.

Por otro lado, hay profesionales cuya contratación ha resultado un acierto para las empresas familiares y su aporte ha sido significativo.

Es crucial hacer un esfuerzo consciente en la búsqueda de talento humano para fortalecer todos los órganos de gobierno de la empresa familiar.

Versículo bíblico

"Porque es necesario que el obispo sea irreprensible, como administrador de Dios; no soberbio, no iracundo, no dado al vino, no pendenciero, no codicioso de ganancias deshonestas,..."

(Tito 1:7 RVR1960)

Consejo práctico

No se fíe sólo del instinto, apóyese en procesos de selección formales cada vez que decida integrar a alguien en su empresa.

IV

Recursos para el crecimiento sostenible de la empresa familiar

Si a un bebé le da un trozo de filete no podrá comerlo o peor aún le pone en una situación de riesgo, igual si a un adolescente le diera en lugar de comida sólo biberones estaría desnutrido. La empresa familiar en la medida que crece también va necesitando de ciertos recursos para desarrollarse bien.

Recursos como: el fomento de los valores, la creación de un protocolo familiar, el establecer una estructura organizacional acorde a su tamaño, definir canales de comunicación, la profesionalización, el manejo de un fondo familiar, mecanismos para resolución de conflictos, apoyo a través de consultoría en empresa familiar, blindaje patrimonial entre otros.

El contenido de ésta sección se basa en cada uno de los recursos mencionados ya que cobran pleno sentido en la realidad de la empresa familiar.

El fomento de los valores sirve de pegamento al momento de la creación de una visión compartida y la elección de la estrategia adecuada.

He acompañado a muchas familias empresarias en la redacción de su protocolo familiar y he visto de primera mano el efecto positivo de su implementación. Por ello, uno de los recursos a los que se le dedica más tiempo en éste apartado es al protocolo familiar: para qué sirve, cuál es su contenido, cómo es el proceso de elaboración, quiénes participan, etc.

La definición de canales de comunicación evitan el abuso de autoridad, la manipulación por terceros, los malos entendidos y fortalece la unidad familiar.

Profesionalizar la empresa es llevarla a otro nivel donde cada quien aporta lo mejor de sí porque cuenta con las competencias para hacerlo, establecer políticas y procedimientos facilita la delegación y el avance de la compañía.

La creación de un fondo familiar suple las necesidades especiales de la familia y a la vez protege las finanzas de la empresa.

Definir mecanismos para la resolución de conflictos ayuda a su prevención y buen manejo cuando estos surgen, la esencia del conflicto promueve el cambio, bien administrado suele ser positivo.

Integrar un consultor en empresas familiares aporta objetividad en momentos difíciles y/o confusos, su guía puede reducir la tensión y facilitar el entendimiento entre los miembros de la familia.

Trabajar en blindar adecuadamente su patrimonio es una inversión que dará frutos redituables a corto, mediano y largo plazo. No podemos asumir que otros cuidarán su patrimonio sin la existencia de directrices, límites y la protección necesaria.

Quizás usted ya utilice uno o todos de los recursos sobre los cuales reflexionaremos, igual le será de beneficio leer al respecto para valorar si está sacando el mejor provecho de ellos.

34

Lo intangible se evidencia

En la vida empresarial igual que en la vida humana aquello que no se ve suele determinar el futuro de las personas y del negocio.

Juan Carlos, un buen amigo médico me decía: "las enfermedades mortales son traicioneras porque usualmente hasta que están avanzadas se perciben sus síntomas."

Lo bueno y lo malo existe en un sistema dinámico como lo es la empresa familiar, predominará lo que se estimule más.

García y Dolan (1997) explican que:

> la Dirección por Valores es la forma correcta de liderar las empresas en un mundo globalizado.

> El estudio de los valores se conoce como axiología, viene de la palabra axios que significa eje, guía, peso. Los valores tienen la capacidad de servirnos de ejes al momento de tomar una decisión.

Los valores son aprendizajes estratégicos relativamente estables en el tiempo que nos indican que una forma de actuar es mejor que su opuesta para conseguir que salgan bien las cosas.

Nuestras creencias definen nuestros valores, los cuales determinan normas que influencian nuestras actitudes y posteriormente nuestra conducta, por su puesto de acuerdo a nuestra conducta tendremos determinados resultados.

Los valores no se pueden transmitir a los demás sólo con cuadros bonitos colgados en las paredes, los valores deben vivirse para que se arraiguen en lo más profundo de nuestro ser.

Inculque valores de esfuerzo, amor, confianza, eficiencia, compromiso y los resultados se verán en la vida de su familia, colaboradores y hasta en sus estados financieros ya que sus clientes le preferirán.

Versículo bíblico

"Porque como piensa en su corazón, así es él..."
                                        (Proverbios 23:7 RVR1960)

Consejo práctico

¿Qué valores se viven en su casa y en su empresa? No cuáles se han definido, sino los que se practican. Si está satisfecho con ellos siga estimulándolos, si no invierta en inculcar los valores que le llevarán a alcanzar su visión.

35
El GPS para la toma de decisiones

¿Recuerda cuando no tenía acceso a un GPS y debía llegar a una dirección nueva? Uno tomaba un mapa, iba lento, revisaba la rotulación de las calles, etc. llegar a una bifurcación generaba confusión, todos opinaban hay que ir por aquí, no mejor por allá, y si nos perdíamos uno que otro se enojaba con el conductor. Que bueno es tener una referencia que nos indique el camino, particularmente yo agradezco por contar con un recurso como el GPS porque me facilita la vida.

Llevar una familia hacia el éxito empresarial sin un protocolo familiar es igual que buscar una dirección nueva sin un GPS, muchas opiniones, pérdidas de tiempo, disgustos y poca efectividad. El protocolo familiar es el GPS que regula la toma de decisiones entre la familia y su empresa, nos provee un marco claro de referencia sobre los criterios a considerar en aspectos relacionados a la gestión, propiedad y su interacción con los miembros familiares.

Un protocolo familiar llamado también constitución familiar, es un documento elaborado por la familia y para la familia donde se establecen acuerdos que reglamentan la relación familia-empresa.

En algunos países el protocolo familiar es utilizado como una herramienta correctiva producto de la mediación de un conflicto, en Latinoamérica procuramos la redacción del mismo como un mecanismo preventivo.

No se debe copiar un protocolo familiar porque cada familia empresaria es única y el protocolo familiar debe reflejar su visión y cultura. Por ejemplo, recuerdo que en el protocolo de una empresa del sector alimentación se requería que los candidatos a ser parte de los órganos de gobierno no tuvieran ningún tatuaje, mientras que en otra empresa del sector comunicación todos los miembros de la familia tenían al menos un tatuaje.

Usted se preguntará, ¿se incluyen ese tipo de cosas en el protocolo familiar? La respuesta es: se incluye lo que es importante en la ideología de la familia empresaria.

La mayor riqueza del protocolo familiar se da a partir del proceso de diálogo en que los miembros de la familia participan expresando sus visiones, ideas, expectativas y opiniones en relación a la empresa familiar. Usualmente éste tipo de ejercicio es conducido por un consultor experto en empresas familiares quien a través de una metodología adecuada orienta a la familia paso a paso hasta dejar por escrito sus acuerdos en relación a la empresa familiar, terminando el proceso con la firma y aceptación pública del compromiso de honrar lo establecido en el protocolo familiar.

Versículo bíblico

"Y dio a Moisés, cuando acabó de hablar con él en el monte de Sinaí, dos tablas del testimonio, tablas de piedra escritas con el dedo de Dios."

(Éxodo 31:18 RVR1960)

Consejo práctico

Es esencial establecer por escrito las reglas que regirán a la familia en relación a la empresa familiar. Sino tiene un protocolo familiar, investigue más del tema e inclúyalo entre sus prioridades y si tiene uno, ¿cuándo fue la última auditoría de cumplimiento del protocolo familiar que realizó? Un protocolo familiar sin supervisión es un libro que sirve de decoración.

36

Contra huracanes

En 1998 el huracán Mitch barrió literalmente algunas zonas de Centroamérica, fueron contadas las estructuras que soportaron su paso. El huracán es una analogía al entorno feroz que a nivel empresarial se está experimentando.

La empresa familiar debe contar con una estructura organizacional fuerte que resista la embestida de los tiempos. Esa estructura debe estar integrada por órganos de gobierno que cuiden de la empresa y órganos de gobierno que cuiden de la familia.

Estos órganos de gobierno deben sustentarse en una cultura organizacional cimentada en valores y por supuesto debe ser acorde a las necesidades de la empresa familiar.

Cuando la empresa es aún dirigida por su fundador su estructura organizacional es más simple, es en la medida que la empresa familiar pasa de manos de su fundador a una sociedad de hermanos y luego a un consorcio de primos, que se recomienda institucionalizar los órganos de gobierno necesarios y los canales de comunicación entre ellos.

No tiene mucho sentido la existencia de varios consejos donde el Presidente es el mismo gerente general y fundador, pero cuando ya no existe un mandato unificado no se puede pretender que una estructura unipersonal logre sostener el crecimiento y complejidad de la empresa familiar.

Aunque todo esto suena lógico y necesario, la manera en que evoluciona la estructura de una empresa no siempre lo es. Recuerdo un par de empresas donde su mayor retraso era generado por su fundador, aún cuando contaban con una estructura organizacional teóricamente adecuada, la forma de trabajo no era funcional porque asignaban a las personas responsabilidades pero no les daban autoridad alguna. En empresas así, es difícil identificar el problema porque a nivel de papel cuentan con un organigrama bien definido donde cada quien conoce su puesto, tienen manuales de procedimientos, etc.

Lo crucial de la estructura organizacional de la empresa familiar es que sea acorde a las necesidades de la misma y que funcione.

Versículo bíblico

"Con sabiduría se edificará la casa, y con prudencia se afirmará; y con ciencia se llenarán las cámaras de todo bien preciado y agradable. El hombre sabio es fuerte, y de pujante vigor el hombre docto. Porque con ingenio harás la guerra, y en la multitud de consejeros está la victoria."

(Proverbios 24:3-6 RVR1960)

Consejo práctico

Una estructura adecuada evita la duplicación del esfuerzo y facilita la comunicación de sus miembros, revise si la estructura organizacional de su empresa cumple con ambos atributos.

37

Poner en común

Las personas tenemos diferentes maneras de comunicarnos, por ejemplo desde el enfoque de programación neurolingüística la forma predominante de comunicación de mi esposo se conoce como "detallista" mientras que la mía es "global", esto quiere decir, que usualmente mi esposo se extiende en el mensaje comentando paso a paso el tema, en cambio yo voy al grano del asunto, soy más directa. Debo admitir que recién casados, para él eran confusas mis explicaciones en monosílabos y para mí era un poco abrumador esperar que él llegara al meollo del asunto. Después de un tiempo aprendimos uno del otro y se facilitó mucho la comunicación, aunque hay momentos donde aún quiero apretarle un botón acelerador.

La palabra comunicación viene del latín "communicare" que significa *poner en común*, y es que podemos decir lo que se nos dé la gana sin conseguir ningún resultado si aquellos que nos escuchan no logran comprender nuestro mensaje. ¿De quién es la responsabilidad de que se entienda el mensaje; del emisor o del receptor? En mayor grado recae en el emisor del mensaje ya que es quien debe adaptar su forma de hablar acorde a su audiencia. Es hasta que logramos poner en común nuestras ideas que se da la comunicación de manera funcional.

Como familia el reto de comunicarnos es grande, ya que compartimos una característica que Tagiuri y Davis (1996) llaman "el lenguaje privado de los familiares", debido a la convivencia de toda una vida hemos aprendido a interpretar gestos, expresiones, frases y palabras de los otros miembros de la familia de tal manera que nos comunicamos con mayor eficacia, el punto negativo es que también anclamos estos elementos de la comunicación a recuerdos dolorosos que pueden evocarse en cualquier momento.

Ponernos de acuerdo en lo que pensamos y sentimos es una tarea que debe ocupar un lugar preferencial de nuestra actividad, una comunicación disfuncional puede disolver el esfuerzo del equipo más rápido que cualquier cosa.

Versículo bíblico

"y dijo: Esta gente es una sola, y todos ellos tienen un solo lenguaje. Ya han comenzado su obra, y ahora nada los hará desistir de lo que han pensado hacer."

(Génesis 11:6 RVC)

Consejo práctico

Invierta en formación y coaching en comunicación para fortalecer ésta competencia en la familia y en todos los miembros de la empresa.

38

Impregnando excelencia

Conozco a empresarios familiares a quienes se les puede calificar como excelentes administradores, negociadores, gestores, financistas, creativos, ejecutores entre otros.

Normalmente las personas logran la excelencia en uno o dos campos específicos del mundo empresarial y son buenos en otras áreas. Si queremos contar con un equipo de trabajo excelente debemos profesionalizar la empresa familiar, esto implica buscar a las personas que cuenten con un alto nivel de conocimiento y experiencia en sus campos de acción.

Para profesionalizar la empresa se deben tener: procedimientos definidos, estándares de desempeño, un sistema de compensación salarial, evaluación permanente, programas de formación, descentralización de la toma de decisiones, entre otros recursos.

Es posible que su empresa haya funcionado de maravilla siendo usted el centro de su gestión mientras pasaba de pequeña a mediana, pero al incrementarse la complejidad operativa se requiere profesionalizarla para potenciar su desarrollo.

Viene a mi mente el caso de una panadería que murió de éxito en un par de meses. Les fue tan bien y vendieron tanto que terminaron cerrando, ¿qué les pasó? Resulta que su fundadora era el centro del negocio, ella vendía, hacia las cuentas, preparaba el producto, lo empacaba y entregaba. Como el producto era tan bueno le hicieron un reportaje en un medio de comunicación y su demanda se incrementó a gran velocidad, tristemente trató de hacer frente a esa nueva realidad ella sola y no logró darse abasto. Los clientes se cansaron de no encontrar sus productos preferidos y pronto dejaron de ir a la panadería.

¿Está listo para delegar funciones a profesionales?, ¿contratará al candidato que tiene las competencias para el puesto o al que tiene su apellido aunque no las competencias?

Profesionalizar su empresa es una acción determinante para lograr crecer y ser sostenible en el tiempo. No significa que no le daremos oportunidad a la familia dentro de la empresa, siempre y cuando cuenten con el perfil correcto pueden postularse como candidatos a las plazas vacantes de la empresa. Profesionalizar conlleva actuar responsablemente al decidir en quien confiaremos para realizar con excelencia una labor en particular.

Versículo bíblico

"Ahora bien, de los administradores se espera que demuestren ser dignos de confianza."
(1 Corintios 4:2 RVC)

Consejo práctico

Revise su planilla y pregúntese ¿a quién de estas personas despediría si no fuera mi familiar? Si encuentra un par entonces considere con urgencia tomar acciones hacia la profesionalización de su empresa familiar.

39

Es el camino, no la llegada

¿Cuál es el mejor recuerdo de sus estudios en la escuela, instituto, etc.?, ¿es el día de su graduación?, o ¿algún momento vivido durante las clases y reuniones con sus compañeros? La verdad es que lo que nos convierte en profesionales no son los actos de graduación sino todo el proceso de aprendizaje por el cual pasamos, llegar a la meta es fabuloso debido al camino que hemos recorrido para estar allí.

Corona y Téllez (2010) explican "el protocolo familiar como un proceso de comunicación intrafamiliar en virtud del cual una familia empresaria establece por consenso las reglas que deben regir, en lo sucesivo, las relaciones familia-empresa."

La palabra clave es proceso, son las horas de reflexión y diálogo familiar lo que cala en las vidas de sus miembros permitiéndoles tomar decisiones y asumir compromisos.

Un ejemplo extraordinario de lo que el proceso hace es la familia Musingel, en la firma de su protocolo familiar la cofundadora y madre nos dijo "ustedes empezaron trabajando con un grupo de extraños pero hoy terminan firmando con una familia", esas palabras aún me estremecen por su gran significado.

Sabemos que el protocolo familiar es un recurso esencial para la continuidad de la empresa familiar pero su verdadero valor es aportado por el proceso de elaboración.

¿En qué consiste el proceso de redacción de un protocolo familiar? Este proceso se realiza muy a la medida de cada familia pero en general se siguen los siguientes pasos: se inicia con un diagnóstico, definición de acuerdos, revisión, firma e implementación.

Cada paso es esencial para dar el siguiente, es decir, no podemos empezar por la redacción inmediatamente sin antes identificar los intereses o preocupaciones de la familia, ponerlos sobre la mesa, trabajar con ellos hasta establecer acuerdos de como manejar cada tema.

¿Cuánto tiempo toma hacer un protocolo familiar? No hay una respuesta exacta, todo dependerá del tiempo que la familia empresaria dedique al proceso y el grado de complejidad de la empresa familiar. Lo que sí podemos decirle, es que no se hace en una semana. Como todo lo bueno, requiere un esfuerzo importante que abarca meses de trabajo pero vale la pena la inversión de tiempo.

La transformación en el abordaje de los intereses, expectativas, preocupaciones y demás temas se va dando poco a poco, al final del proceso se ha construido una visión compartida que motiva a la familia empresaria a cumplir y salvaguardar el protocolo familiar.

Versículo bíblico

"...sabiendo que la prueba de vuestra fe produce paciencia. Mas tenga la paciencia su obra completa, para que seáis perfectos y cabales, sin que os falte cosa alguna."
(Santiago 1:3-4 RVR1960)

Consejo práctico

No por correr se llega más rápido, dedique el tiempo suficiente para elaborar un protocolo familiar propio, con paciencia logrará un mejor resultado.

40

Verduras en la sopa

Horas y horas ha tomado la redacción de algunos acuerdos que son parte del protocolo familiar debido a que son puntos sensibles para las familias empresarias, son como las verduras en la sopa que muchas personas no se quieren comer. También hay temas que fácilmente son resueltos porque su aplicación beneficia a la mayoría.

¿Cuál es el contenido de un protocolo familiar? En general se plantean reglas relacionados a la transmisión de la propiedad, la gestión de la empresa y el cuidado de la familia. Todo a un nivel de detalle que sea fácilmente comprensible para cualquiera y por supuesto el contenido abarca los tópicos que la familia empresaria considere relevante, es un documento hecho a la medida.

En un protocolo familiar se redacta la historia de la empresa familiar, se definen la visión, misión, valores, se establecen procedimientos de contratación, asignación de beneficios, requisitos para ser parte de los órganos de gobierno, mecanismos para la resolución de conflictos, planes de sucesión y de blindaje patrimonial entre otros temas.

Incluir la historia fomenta un sentido de orgullo y pertenencia en los miembros de la familia empresaria, saber los orígenes de la empresa familiar estimula en las generaciones emergentes el deseo de continuar con el patrimonio de sus antepasados.

Trabajar en la redacción de una visión compartida es un ejercicio sumamente enriquecedor porque alinea el enfoque de la familia empresaria y les da un marco de referencia para su plan estratégico.

Hablar de algunos temas es complicado porque a veces hay sentimientos encontrados, situaciones dolorosas no resueltas y preocupaciones no expresadas. Lo maravilloso es que en busca de un acuerdo se propicia el espacio para resolver éste tipo de diferencias.

Conozco protocolos familiares con una extensión de 20 páginas y otros con cinco veces o más ese número. No es el número de páginas lo importante, sino que el protocolo familiar contengan la voluntad de la familia para regular la interacción familia-empresa. Regular implica poner límites, disciplinarnos, ordenarnos lo cual por naturaleza no es fácil pero sin duda es necesario.

Versículo bíblico

"Al presente ninguna disciplina parece ser causa de gozo, sino de tristeza; sin embargo, a los que han sido ejercitados por medio de ella, les da después fruto apacible de justicia."

(Hebreos 12:11 LBLA)

Consejo práctico

A muchos no les gustan las verduras en la sopa al igual que no les gustan algunas reglas del protocolo familiar, pero en ambos casos los beneficios superan por mucho los gustos personales. Debe ser firme en la implementación de todos los acuerdos del protocolo familiar aunque algunos requieran medidas fuertes.

41

Cuidando al chanchito

A la mayoría de los niños para inculcarles el hábito del ahorro en algún momento se les regala una alcancía casi siempre en forma de cerdito. Mi madre a mí me dió una alcancía con forma de perrito, porque le había pedido que me regalara una alcancía y un perro, ¡cosas que pasan!

Bien, el punto es que desde pequeños tenemos claro que no hay que gastar todo lo que recibimos sino guardar una parte. En la empresa familiar por alguna razón a veces se nos olvida ese principio y empezamos a gastar incluso las utilidades que aún no hemos generado. Es fácil perder la perspectiva sobre el uso del dinero de la empresa familiar cuando surge una necesidad en algún miembro de la familia.

Algunas empresas familiares tienen unidos los gastos de la familia con los gastos del negocio y esa costumbre les pone en riesgo.

Para evitar descapitalizar a la empresa por necesidades de la familia, una práctica saludable es la creación de un fondo familiar cuyo principal objetivo es apoyar a los familiares directos y a sus descendientes en temas relacionados con la salud, educación, y situaciones adversas.

El fondo familiar se alimenta de un porcentaje determinado por la asamblea general de accionistas de las utilidades de cada período fiscal, éste recurso es administrado por el consejo de familia quien recibe lineamientos concretos para su uso.

Contar con un fondo familiar trae tranquilidad a la familia empresaria y permite el ordenamiento del flujo de efectivo de la empresa, porque evita el tener que usar éste para acciones no relacionadas con la actividad empresarial.

Versículo bíblico

"Debe también poner gobernadores al frente del país, y tomar la quinta parte de lo que produzca la tierra de Egipto durante los siete años de abundancia. Se deben almacenar todos los alimentos de estos buenos años que vienen, y bajo el control de Su Majestad recogerse y guardarse el trigo, para el sustento de las ciudades. Estas provisiones deben quedar almacenadas para el país, para los siete años de hambre que habrá en la tierra de Egipto. Así el país no perecerá de hambre."

(Génesis 41:34-36 RVC)

Consejo práctico

Cree un fondo familiar, si ya tiene uno sea fiel en administrarlo adecuadamente. Es saludable separar los bienes de la empresa de los bienes de la familia.

42

Afrontando el desacuerdo

Hace algunos años la familia empresaria Guiverdi estaba experimentando un alto nivel de estrés no por sus negocios sino por la mala relación con Rostrenso, hijo del propietario y gerente financiero de la empresa familiar.

El padre, don Golipo era el gerente general pero se sentía tan ansioso por la situación que en ocasiones salía de la oficina sólo a dar vueltas por la ciudad para evitar ver a su hijo en la empresa.

¿Cómo es posible no afrontar una situación conflictiva de ésta índole? Es posible porque caemos en lo que Kaye (1991) define como "el ciclo del conflicto permanente: estado en que se pasa de estar en un nivel de conflicto alto a bajo pero sin resolverlo, sólo atenuado por las conductas que surgen debido a la ansiedad que el mismo conflicto genera."

Veamos como funciona el ciclo del conflicto siguiendo con nuestro ejemplo, Rostrenso (el hijo) le faltaba el respeto a los colaboradores con sus demandas groseras, don Golipo le mandaba un memorándum diciéndole que su conducta no sería aceptada, eso provocaba que Rostrenso no visitara a sus padres y lo peor no les llevaba a los nietos, entonces por temor de perder la relación con su hijo y nietos, él le llamaba con tono conciliador y Rostrenso se hacía el ofendido pero cedía en llevarles los niños. Cada semana en la oficina iniciaba otra vez la historia sin fin.

En una ocasión después de tres años de estar en ésta situación desgastante don Golipo despidió a Rostrenso, pasaron casi cuatro años distanciados como familia hasta que Rostrenso le pidió otra oportunidad a su padre y él se la dió. El final de éste caso es alentador porque Rostrenso regresó con una nueva actitud al negocio y se convirtió en el líder que debía ser.

Cuando no se confrontan las situaciones conflictivas las consecuencias siempre serán peores que si se pasa por el temido y muchas veces doloroso proceso de resolverlas.

La familia empresaria debe establecer mecanismos para cuando se presenten conflictos, porque mientras seamos humanos habrán conflictos, el como los abordemos es lo que hará la diferencia en si nos derriban o fortalecen.

En éste tipo de situaciones es de gran ayuda la intervención del consejo de familia.

Versículo bíblico

"Por tanto, si tu hermano peca contra ti, ve y repréndelo cuando él y tú estén solos. Si te hace caso, habrás ganado a tu hermano."

(Mateo 18:15 RVC)

Consejo práctico

Establezca límites y no le de largas para llamar al orden a quien tenga una conducta nociva, entre más se tarde usted en hacer algo más difícil será y peores consecuencias habrán.

43

Le ayuda o le perjudica

Yo creo que "si tienes amigos que te perjudican no necesitas enemigos", esto es ciertísimo en el ámbito de la consultoría, es triste pero en algunos lugares del mundo existen personas que al quedar desempleadas, por algún motivo asumen que eso les faculta para ser consultores.

He tenido que recoger los platos rotos o más bien familias rotas a causa de personas sin escrúpulos, que se les han presentado como expertos en empresas familiares y les han sometido a procesos desgastantes e infructuosos que lejos de fortalecerles les han dañado.

Ser parte de una empresa familiar es complejo debido a la interacción de sus diferentes sistemas, por ende en ocasiones se necesita el apoyo profesional de un consultor que traiga objetividad y facilite la toma de decisiones entre los miembros de la familia en relación a su empresa, pero debe ser un consultor competente e íntegro.

Contratar a cualquier tipo de consultor requiere un proceso de validación pero contratar a un consultor en empresas familiares, a quien no sólo le mostrará la información del negocio sino que le dará acceso a la intimidad de su familia requiere mayor esmero y cautela.

Un buen consultor en empresas familiares le puede facilitar la vida y mejorar considerablemente la empresa familiar. Así que le recomiendo contratarle una vez que se haya informado suficiente para que no le den gato por libre.

Versículo bíblico

"*Cuidaos de los falsos profetas, que vienen a vosotros con vestidos de ovejas, pero por dentro son lobos rapaces.*"
(Mateo 7:15 LBLA)

Consejo práctico

Antes de contratar un consultor, asigne a alguien en la empresa para que coteje sus credenciales y referencias. También entrevístele usted junto a otros miembros de la familia.

44
Blindaje patrimonial

Tengo todo arreglado me dijo don Alextardío, ella, y señaló a su esposa de 89 años, ella es mi heredera universal. Doña Ferdilia, tenía tres semanas de haber salido de la sala de cuidados intensivos del hospital. En ese momento supe que esa empresa familiar estaría en problemas al morir sus fundadores.

Por algún motivo pensamos que blindar el patrimonio es sólo hacer un testamento, nada más lejos de la realidad.

En otra ocasión conversando con un empresario del sector hotelero al tocar el tema del traspaso de acciones a la siguiente generación, él me vio a los ojos y me dijo "yo no soy como la oveja que da la lana en vida, sino como el cerdo que da los chicharrones hasta que se muere."

Las estrategias de blindaje patrimonial buscan asegurar que el fruto de su esfuerzo y el de su familia no queden en manos de personas a quienes no les ha costado nada. Estoy segura que usted conocerá muchos casos de éste tipo, empresarios que por no tomar decisiones oportunas han dejado sin protección a sus seres amados.

¿Qué tipo de acciones se consideran para blindar el patrimonio de una familia empresaria? La mayoría son de carácter fiscal, legal y de gestión. Cada caso requiere su propio análisis pero por mencionar algunos ejemplos: se debe revisar la forma legal de su empresa pues no se maneja igual un comerciante individual, que una sociedad de responsabilidad limitada o una sociedad anónima de capital variable, etc.; las capitulaciones matrimoniales, incorporar cláusulas estatutarias sobre la transmisión de acciones o participaciones, composición y funcionamientos de los órganos de gobierno, evaluar los pactos parasociales, buscar la estrategia fiscal adecuada, entender las disposiciones testamentarias, ver que todo sea coherente con lo establecido en el protocolo familiar, entre otras cosas.

El tiempo, dinero y esfuerzo invertido en acciones que cuiden su patrimonio se verá recompensado con la tranquilidad de saber que el trabajo realizado durante su vida beneficiará a quienes usted quiere.

Versículo bíblico

"Abrán respondió:«Mi Señor y Dios, ¿qué puedes darme, si no tengo hijos, y el mayordomo de mi casa es ese damasceno Eliezer?» También dijo Abrán: «Mira que no

me has dado descendencia. Mi heredero será un esclavo nacido en mi casa.» Pero vino a él palabra del Señor, y le dijo: «Tu heredero no será éste, sino tu propio hijo."
(Génesis 15:2-4 RVC)

Consejo práctico

Que no pase un día más sin que tome las medidas necesarias para que su legado beneficie a sus seres amados.

V

Trascendencia de la empresa familiar

La empresa familiar que trasciende es aquella que logra la continuidad, al pasar de manos de sus fundadores a las siguientes generaciones y así sucesivamente, rompiendo los límites del ciclo de vida humano.

Estadísticamente la probabilidad de éxito de que una empresa familiar pase de una generación a la siguiente es muy baja, así que el reto de la continuidad debe afrontarse con la plena conciencia de tomar las medidas necesarias para lograrlo.

En ésta sección se tratan puntos como: lo que mueve a la empresa familiar, lo que se espera de cada generación, las presiones que intervienen en el cambio generacional, la sucesión, el plan de carrera, la conducta emprendedora, la conciencia social, el pasar de lo operativo a lo estratégico, el reinventarse, la definición de prioridades y lo que será nuestro legado.

Cada uno de estos puntos juegan un papel importante en beneficio de la continuidad de la empresa familiar. Cabe mencionar que también son temas sensibles porque nos confrontan con las limitaciones de tiempo que como humanos tenemos.

¿Desea usted que su empresa familiar logre la continuidad? Si es así, ¿qué está haciendo específicamente a favor de ello?

Nuestras economías son frágiles en la medida que las empresas familiares no logran el traspaso generacional. La mayoría de las empresas que lo logran son hoy grandes corporaciones que proveen sustento no sólo a la familia propietaria sino a todos aquellos que de forma directa o indirecta son parte de su operación.

Todos deseamos que nuestro esfuerzo aporte una plataforma de arranque mejor para nuestras siguientes generaciones, para lograrlo hay que trabajar por la continuidad de la empresa familiar, inculcando en sus hijos el deseo de emprender, de superarse y de valorar su empresa.

No es con manipulación, chantaje emocional, ni por la fuerza que se logra la continuidad, al contrario, en la medida que su familia se sienta amada y vea los beneficios que la empresa familiar les aporta entonces ellos mismos querrán involucrarse y preservar su legado.

45

La verdadera motivación

La familia empresaria Plagma tiene ya cinco generaciones a cargo de un grupo empresarial próspero, parte de su éxito se debe a que conocen bien su motivación para el crecimiento de los negocios. Su filosofía es que *la empresa está al servicio de la familia,* así que lo que les mueve a tener una empresa es proveer una mejor calidad de vida a su familia.

¿Cuál es su motivación para hacer crecer su empresa familiar?, ¿qué le da sentido a tanto esfuerzo diario? Debemos evaluar periódicamente si nos hemos desviado de nuestra verdadera motivación. Muchos empresarios bien intencionados hacen de su empresa su única prioridad, dedicándole más tiempo y entusiasmo que a su familia, cuando eso sucede puede estar seguro que se ha perdido el norte y se está actuando como un empresario infiel, infiel a sus motivos y convicciones.

No cedamos a la tentación del aplauso público y de sentirnos indispensables en nuestras empresas, descuidando lo realmente importante. La vida es más satisfactoria cuando nuestras motivaciones son correctas.

Motivaciones incorrectas nos alejan de la virtud, hay parejas que cuando inician su negocio lo hacen con el deseo de cuidarse mutuamente y crear un patrimonio para sus hijos, pero en el camino cuando empiezan a disfrutar de cierto estatus social se desconectan de sus orígenes y terminan separándose por el éxito empresarial alcanzado.

Evalúe sus motivaciones y haga los cambios necesarios para mantenerse en el propósito correcto para usted y los suyos.

Versículo bíblico

"Armé entonces al pueblo con espadas, lanzas y arcos, y lo repartí por familias en las partes bajas de la ciudad, y detrás de las murallas y en los espacios abiertos. Luego, me reuní con los hombres importantes del pueblo y con los oficiales del templo, y con el pueblo en general, y les dije: "No tengan miedo de esa gente. Recuerden que el Señor es grande y temible. Luchemos por defender a nuestros hermanos, nuestros hijos, nuestras hijas y nuestras esposas; ¡luchemos por nuestros hogares!"

(Nehemías 4:13-15 RVC)

Consejo práctico

Es fácil caer en los extremos, la pasión puede sacarnos de balance. Evaluar el desempeño de la empresa y nuestras relaciones de familia nos ayuda a re-enfocarnos. Una práctica adecuada es cada cierto tiempo alejarse tanto de la actividad empresarial como de sus seres amados y reflexionar el por qué está haciendo lo que hace, contar con la motivación correcta nos fortalece para luchar por lo que amamos.

46

De manos a manos

Los grandes grupos empresariales que gobiernan nuestros tiempos en su mayoría son el fruto de muchas generaciones familiares. Según los registros de la Universidad de San Gallen "la familia japonesa Takenaka propietaria de la Corporación que lleva su apellido inició operaciones desde el año 1620, la familia Merck de Alemania fundó su empresa en 1668." Así como estas familias empresarias han pasado su legado de las manos de sus fundadores a manos de muchos descendientes, también su empresa puede lograrlo.

Las estadísticas en relación a la posibilidad de sobrevivencia de la empresa familiar son desalentadoras. En algunas regiones se habla que dos de cada diez empresas logran pasar de manos de sus fundadores a sus hijos, en el mejor de los casos lo logran tres de diez.

El anhelo de pasar un patrimonio empresarial a la siguiente generación es una característica propia de las empresas familiares. La conciencia de sabernos administradores de un momento en la historia de nuestros negocios, y comprometernos para que las siguientes generaciones puedan recibir la cosecha de nuestra aportación laboral, debe estimularnos a dar nuestro mejor esfuerzo cada día.

Hay mucho trabajo que hacer en la empresa pero también hay mucho trabajo que hacer en la familia para cultivar orgullo, cariño y deseo de continuidad. Esto empieza desde la forma en que hablamos mientras comemos con los chicos, ¿qué están escuchando sus hijos(as): quejas, tristezas, frustraciones debido a la empresa? Lo que escuchen de usted fomentará el deseo de continuidad o no.

Si está trabajando hoy sin la visión de pasar su empresa a sus futuras generaciones reevalúe su posición, es posible que el día a día le haya impedido pensar al respecto. Tome las medidas necesarias para estimular el enganche emocional y profesional de sus descendientes.

Versículo bíblico

"En el país que el Señor juró a tus padres que te daría, el Señor hará que sobreabundes en bienes, y en el fruto de tu vientre, y en el fruto de tus animales, y en el fruto de tu tierra."

(Deuteronomio 28:11 RVC)

Consejo práctico

Construya hoy bases sólidas en cada uno de los sistemas de su empresa familiar, integrando mecanismos que faciliten el traspaso generacional. Así, usted y sus descendientes podrán gozar de un futuro prometedor. Recuerde que las decisiones de hoy dan forma al mañana.

47

Cambia o le cambian

Empresas de gran prestigio que han liderado su sector colapsan ante la incapacidad de adaptarse a su entorno.

Los clientes emergentes de ésta generación piensan de tal forma que aún las mentes empresariales más brillantes de antaño se ven desafiadas. El poder del consumidor a través de las redes sociales tiene un impacto espectacular en nuestras finanzas.

La nueva realidad nos parece aún ficción a quienes hemos vivido ya más de cuatro décadas. La presión del cambio llega a ser ineludible, estemos listos o no tendremos que hacerle frente.

Al pensar en actualizarnos no se trata de descartar todo lo que hemos hecho, sino de fomentar los valores familiares e institucionales usando un formato vigente. Cree la mejor versión actualizada de su empresa familiar, piense que si quiere que su empresa cumpla 100 años tendrá que cambiar incluso generaciones de dueños.

Existen presiones que fuerzan el cambio, Gersick, Lansberg, Desajardins y Dunn (1999) explican "la existencia de presiones evolutivas, unas de tipo temporal como: el envejecimiento, cambios psicológicos y familiares. Y otras del entorno: cambio económico o político."

El cambio es necesario para avanzar, es inaceptable aferrarnos a modelos de negocios que se concibieron para otra época. A veces los cambios son provocados por la muerte de un miembro de la familia y aunque nunca estaremos preparados por completo a nivel emocional para asumir éste tipo de pérdida, si deberíamos tener un plan de acción a nivel de empresa para que no se paralice su operación.

La verdad es que cambiamos o nos cambian pero la vida no es estática, debemos evolucionar, es mejor no poner resistencia porque entre más nos resistimos más duele y más daño se provoca.

Versículo bíblico

"Ensancha el sitio de tu tienda, y las cortinas de tus habitaciones sean extendidas; no seas escasa; alarga tus cuerdas, y refuerza tus estacas. Porque te extenderás a la mano derecha y a la mano izquierda; y tu descendencia heredará naciones, y habitará las ciudades asoladas."
(Isaías 54:2-3 RVR1960)

Consejo práctico

¿Qué presiones evolutivas está experimentando su empresa familiar?, ¿qué hará al respecto? No decidir es decidir que otro lo haga por usted, asuma los cambios y lidérelos con la misma energía que cuando empezó su negocio.

48

La mayor prueba de liderazgo

Reunidos en la sala de conferencia de una empresa donde sus directivos eran familiares reflexionábamos sobre el tema de la sucesión, así que les pregunte:

¿Cuándo se van a retirar? De repente uno de ellos, se puso de pie, golpeó el escritorio y dijo: ¡Nunca! Fue un momento tenso y a la vez muy significativo.

El tema sucesión hace que emerjan emociones que dificultan su abordaje porque implica la aceptación de que no somos eternos en ésta vida, que alguien más tendrá que asumir nuestro papel. Además la identidad del individuo entra en conflicto al visualizar estar fuera del sistema empresa.

Recuerdo que en el evento de la firma de un protocolo familiar, el fundador perdió la memoria por casi una hora. El hombre se sintió tan abrumado porque él percibía ese momento como el primer paso de su plan de sucesión, que decía no recordar nada sobre el protocolo familiar y lo que estaba por firmar. Los demás miembros de la familia empresaria estaban nerviosos y yo como consultora recurrí a pedir ayuda divina para que don Orcindio recobrara la memoria. Gracias a Dios después de conversar y relajar el ambiente, el fundador volvió en sí y pudimos continuar con los actos de firma.

Aronoff, McClure y Ward (2011) dicen que "el fracaso en la planeación y gestión de la sucesión es la mayor amenaza que la empresa familiar puede enfrentar para su sobrevivencia."

Si usted ha sido un gran empresario pero no prepara el camino para que puedan seguir sin usted, todo su esfuerzo se perderá y sus descendientes no tendrán el bienestar por el cual usted trabajó.

Muchos lideres consideran que una de las pruebas más grandes de un fundador es cuando debe escoger su sucesor y permitirle asumir la dirección de la empresa.

Un plan de sucesión toma tiempo, no debería ser un acto de la noche a la mañana sino un camino que se recorre lento pero bien andado, de manera que el líder saliente pueda ser mentor del sucesor.

Versículo bíblico

"Como Moisés puso sus manos sobre Josué hijo de Nun, éste fue lleno de espíritu de sabiduría, y los hijos de Israel le obedecieron e hicieron lo que el Señor le había ordenado a Moisés."

(Deuteronomio 34: 9 RVC)

Consejo práctico

Transfiera su experiencia y motivación a aquellos que usted perfila como candidatos a sucesor, llevarles al nivel adecuado toma años, así que empiece ahora.

49

Carrera de relevo

En las carreras de relevo a pie, los miembros de un equipo se turnan para realizar la misma actividad, cada uno recorre una distancia específica y luego pasa a su compañero un tubo llamado testigo. El testigo se debe pasar en una zona determinada cuando ambos atletas corren y ante la señal de uno, el otro se prepara para tomar el testigo, de esta manera no pierden tiempo y mejoran la posibilidad de ganar la carrera.

En un proceso de sucesión se debe preparar al sucesor a través de un plan de carrera, así cuando llegue el momento de quedar a cargo, él contará con las competencias necesarias para asumirlo. Hay un período importante cuando quien será sucedido camina a la par de su sucesor con el objetivo de pasarle toda la experiencia y conocimiento posible.

El mejor proceso de sucesión es aquel que no se nota, que se hace con una fluidez y preparación tal que la empresa no sufre el traspaso del testigo empresarial.

El consejo de familia es quien apoya a las futuras generaciones con la creación de un plan de carrera y les brinda los recursos necesarios para su ejecución.

Aronoff, McClure y Ward (2011) mencionan algunas acciones que incluye un plan de carrera:

> trabajar un par de años fuera de la empresa familiar, coaching por mentores dela familia y otros profesionales, exposición externa, educación complementaria, ejercicios de trabajo de equipos, rotación de asignaciones y entrenamiento cruzado, conocimiento de las finanzas de la empresa, autonomía para tomar decisiones sobre el personal y resolución de problemas, asignación de funciones que fortalezcan sus habilidades en ventas, mercadeo, finanzas, manufactura, etc.

Es importante no obligar a los hijos a ser los sucesores de la empresa familiar, se les debe alentar y plantear como una alternativa. Nunca utilizar chantaje emocional para involucrarles, porque eso solo traerá problemas, frustración y desilusión en el futuro.

Tanto el sucesor como el sucedido deben trabajar en equipo para que ambos estén listos cuando llegue el momento de avanzar a la siguiente etapa en la empresa familiar.

Versículo bíblico

"Cuando habían pasado, Elías dijo a Eliseo: Pide lo que quieras que haga por ti, antes que yo sea quitado de ti. Y dijo Eliseo: Te ruego que una doble porción de tu espíritu sea sobre mí. El le dijo: Cosa difícil has pedido. Si me vieres cuando fuere quitado de ti, te será hecho así; mas si no, no. Y aconteció que yendo ellos y hablando, he aquí un carro de fuego con caballos de fuego apartó a los dos; y Elías subió al cielo en un torbellino. Viéndolo Eliseo, clamaba: ¡Padre mío, padre mío, carro de Israel y su gente de a caballo! Y nunca más le vio; y tomando sus vestidos, los rompió en dos partes. Alzó luego el manto de Elías que se le había caído, y volvió, y se paró a la orilla del Jordán."
(2 Reyes 2:9-13 RVR1960)

Consejo práctico

Cuando se desea dejar un legado que trascienda nuestra temporalidad se debe incluir en su agenda el trabajar con sus candidatos a sucesor, formarles e invertir en ellos. ¿A quién ha identificado como candidato para ser su sucesor?, ¿ya revisó su plan de carrera? Involúcrese en esto porque seguramente usted quiere dejar en buenas manos su empresa familiar.

50

Se nace o se hace

Con tan sólo cuatro años mi sobrino Sergio seleccionaba juguetes y artículos de la casa y montaba sus propias ventas de garaje para obtener dinero y comprarle a su mamá un regalo de cumpleaños. Se ponía frente a la casa y gritaba a quien pasara: ¡Venta de garaje, compre sus cosas aquí! A los vecinos les hacía gracia y se bajaban de sus vehículos a comprarle algo.

La gran pregunta es ¿un emprendedor nace o se hace?, ¿qué piensa usted? Por años se ha dicho que para ser líder como para ser emprendedor se nace con aptitudes especiales, aunque las investigaciones más recientes se decantan por la teoría que se puede aprender a emprender.

¿De dónde sacó mi sobrino a sus cuatro años el conocimiento de selección de mercadería, asignación de precios, mercadeo, etc.? Lo aprendió de escuchar en su entorno conversaciones de negocios.

Como familia trabajamos en la Fundación Trascendencia de Amor (www.fundaciontrascendenciadeamor.org), uno de sus programas consiste en estimular en los niños el deseo de emprender. Somos testigos que al generar las condiciones adecuadas se incrementa la posibilidad de que surja el emprendedor dormido que llevamos dentro.

Es crucial que en la cultura organizacional de la empresa familiar se inculque la conducta emprendedora, se cuente con fondos para que las nuevas generaciones puedan desarrollar proyectos de emprendimiento como parte de su formación.

Las motivaciones para emprender son diversas y el proceso requiere mucho esfuerzo, pero la satisfacción que produce es indiscutible.

Versículo bíblico

"Y llegando el que había recibido cinco talentos, trajo otros cinco talentos, diciendo: Señor, cinco talentos me entregaste; aquí tienes, he ganado otros cinco talentos sobre ellos. Y su señor le dijo: Bien, buen siervo y fiel; sobre poco has sido fiel, sobre mucho te pondré; entra en el gozo de tu señor."

(Mateo 25: 20-21 RVR1960)

Consejo práctico

Emprender requiere salirse de su zona de confort y cuando se percibe una oportunidad hacer algo para aprovecharla. ¿En la empresa familiar se fomenta la conducta emprendedora? Liste al menos 3 acciones específicas que se realizan en la empresa familiar para alentar la conducta emprendedora.

51

Impactando su entorno

¿A quién le daría su confianza: a una empresa que hace algo por su comunidad o a una que sólo la usa? La respuesta es obvia.

Hoy más que nunca los empresarios debemos sostener un diálogo reflexivo sobre nuestra contribución social y ejecutar acciones concretas a favor de nuestro prójimo. Algunos hablan de responsabilidad social, otros están creando emprendimiento social, lo importante es participar en el desarrollo de las comunidades donde somos parte. Brindar condiciones de trabajo dignas, cuidar del medio ambiente, promover la salud, educación y cultura. Hay tantas formas de ayudar a nuestros clientes, colaboradores y proveedores, el límite es nuestra creatividad.

"Los emprendedores tienen la capacidad de ser agentes de cambio dentro de una sociedad, ya que fomentan en sus organizaciones creencias y valores que derivan en conductas trasladables al entorno "(Morrison 2000).

No se trata de ayudar únicamente como estrategia de mercadeo, se trata de dar con el único objetivo de ser bendición.

Es impresionante como la realidad de una ciudad puede verse influenciada positivamente por la presencia de una empresa familiar con conciencia social.

He tenido la oportunidad de conocer familias empresarias cuyas fundaciones han cambiado para bien la vida de generaciones completas en sus zonas de influencia.

Si desea que su empresa tenga continuidad siembre semillas de misericordia y el fruto será evidente en el transcurso de los años.

Versículo bíblico

"Vosotros sois la luz del mundo; una ciudad asentada sobre un monte no se puede esconder. Ni se enciende una luz y se pone debajo de un almud, sino sobre el candelero, y alumbra a todos los que están en casa. Así alumbre vuestra luz delante de los hombres, para que vean vuestras buenas obras, y glorifiquen a vuestro Padre que está en los cielos."

(Mateo 5:14-16 RVR1960)

Consejo práctico

¿Qué está haciendo su empresa familiar a favor de su zona de influencia?, ¿las motivaciones son correctas o sólo mercadológicas?, ¿usted como propietario se involucra en acciones sociales? El ejemplo es el mejor motivador para que todos los colaboradores hagan voluntariado.

52
Miopía empresarial

Cuando una persona tiene miopía es debido a un defecto óptico de refracción que hace que vea borroso objetos que se encuentran a cierta distancia.

Utilizando el termino miopía en el mundo de los negocios entenderemos *la miopía empresarial* como: la incapacidad del empresario(a) para ver a largo plazo y por ende su enfoque prioritario en lo operativo más que en lo estratégico.

Una característica importante de las empresas familiares que han logrado trascender es que sus fundadores desde el principio visualizaron que sus empresas serían un legado para sus siguientes generaciones. Por lo tanto, con la mirada puesta a la distancia tomaron acciones que les permitieron llegar allí.

Para todo hay tiempo, si usted está en la fase inicial de su empresa, lograr pagar la planilla es ya un logro importante, pero si su negocio ya está en etapa de madurez debe ir soltando lo operativo. Dé la oportunidad a la siguiente generación de involucrarse más en el día a día y usted aproveche todo el bagaje que tiene para trabajar en lo estratégico de la empresa.

Como familia empresaria deben definir una visión compartida de futuro y enfocar esfuerzos hacia ella.

Cuando el 80% de su trabajo diario se centra en resolver problemas operativos, usted como propietario está poniendo en riesgo el crecimiento de su empresa.

Centralizar la toma de decisiones le impedirá volverse estratega. Si debe firmar cada cheque, revisar el reembolso de la caja chica y contestar el teléfono no tendrá tiempo para evaluar nuevos negocios, hacer alianzas interinstitucionales, fortalecer las competencias de su candidato a sucesor, etc.

Si hay alguien que pueda asumir responsabilidades operativas que usted está haciendo, entonces deléguelas y avance al siguiente nivel de liderazgo.

Versículo bíblico

"Con los consejos se ordenan los planes, y con buena estrategia se gana la guerra."
(Proverbios 20:18 RVR1960)

Consejo práctico

Revise su agenda y evalúe con sinceridad cuánto tiempo le está dedicando a lo operativo y cuánto a lo estratégico, luego tome las acciones correctivas del caso.

53

La renovación del águila

Una hermosa historia que ha inspirado a muchos dice que las águilas son aves longevas, algunas logran vivir hasta los 70 años de edad pero para lograrlo al cumplir 40 años deben someterse a un proceso de renovación ya que para entonces su pico, garras y plumaje están desgastadas por el tiempo. En ese momento el águila vuela a un lugar alto, seguro y solitario, estando allí golpea su pico contra una roca hasta que lo quita, cuando éste vuelve a nacer con él arranca una a una sus garras, una vez que le salen garras nuevas y fuertes las usa para quitarse el pesado plumaje que tiene, quedando desnuda por un tiempo, al crecerle nuevas plumas el águila está lista para volar más alto y con más fuerza durante otros 30 años.

Como empresarios deberíamos pasar un proceso de renovación, evaluar la evolución del sector, de la empresa y de la familia. Revisar nuestros modelos de negocios, arrancarnos las malas prácticas, el pesimismo y el temor.

Entonces con una visión y recursos renovados lanzarnos a vivir para traer bienestar a nuestra generación y la siguiente.

Henry Ford expresó: "He visto grandes negocios que se han convertido en el mero fantasma de un nombre debido a que alguien pensó que podían ser dirigidos como siempre, y aunque la forma de dirigir pudo ser excelente en su día, su excelencia consistió en estar alerta a su época y no en la esclavitud a su pasado."

Es imposible conseguir resultados diferentes haciendo lo mismo, debemos atrevernos a experimentar, a innovar, a invertir en un departamento de investigación y desarrollo.

Renovarnos es una obligación si deseamos competir en un mundo globalizado que experimenta constante cambio.

Versículo bíblico

"En cuanto a la pasada manera de vivir, despojaos del viejo hombre, que está viciado conforme a los deseos engañosos, y renovaos en el espíritu de vuestra mente, y vestíos del nuevo hombre, creado según Dios en la justicia y santidad de la verdad."

(Efesios 4:22-24 RVR1960)

Consejo práctico

El cambio debe empezar con nosotros, una forma de iniciar es cambiando nuestra forma de pensar, luego de hablar y después de actuar. ¿Qué pensamientos usted sabe que no le edifican? Inicie su renovación por allí y avance hasta renovar su empresa familiar.

54

Prioridades

Cada año se invierten millones de dólares en capacitaciones de cómo administrar el tiempo para ser más efectivos, si yo tengo que elegir la clave para lograrlo eso se resume en una palabra: *prioridades*.

Definir nuestras prioridades facilita la toma de decisiones, mejora nuestro desempeño e incrementa los resultados obtenidos. Es muy confuso tener que decidir algo si uno no sabe que es más importante entre las opciones existentes, cuando se sabe resulta más fácil.

¿Cuáles son las prioridades en su vida? A ésta pregunta muchas personas responden: Dios, la familia, la empresa, la iglesia, los amigos, etc. ¿Qué respondería usted?

Al evaluar nuestras prioridades surge también la necesidad de valorar el grado de emergencia de las cosas, en ocasiones aunque algo sea más importante para nosotros atendemos primero lo más urgente. Una señal de que no estamos abordando correctamente lo importante es cuando pasamos la mayoría de nuestro tiempo apagando incendios, es decir, atendiendo lo urgente.

Es interesante que las personas somos capaces de asignar el nivel de importancia a algo o alguien e inmediatamente después actuar incoherentemente. Por ejemplo, si digo que mi familia es muy importante para mí pero le dedico más tiempo a otras personas o actividades entonces estoy siendo incoherente, o si digo Dios es lo primero en mi vida pero no asigno en la agenda un espacio para la oración y meditación en su palabra, todo se queda en teoría.

Lo que en verdad es importante para usted se evidencia por la cantidad de tiempo y recursos que le invierte.

El equipo directivo de su empresa familiar ¿a qué dedica más tiempo?

Versículo bíblico

"Por lo tanto, busquen primeramente el reino de Dios y su justicia, y todas estas cosas les serán añadidas."
(Mateo 6:33 RVC)

Consejo práctico

Haga una lista de lo que quiere hacer cada día y categorice las actividades de acuerdo al grado de importancia y urgencia. Siga ese orden para su ejecución y verá los resultados. Si desea cumplir con su propósito de vida defina sus prioridades y actúe en coherencia con ellas.

55
Legado

Hace un tiempo estuve muy enferma, tuve que pasar por una cirugía mayor. Recuerdo que días antes del procedimiento quirúrgico medité sobre cuál sería mi legado, revisé mi testamento y encomendé todo a Dios. Por la gracia de Jesucristo todo salió bien y hoy gozo de buena salud, pero atesoro el haber tenido la oportunidad de preguntarme con toda honestidad ¿cuál sería mi legado? La respuesta que me di a mí misma en ese momento no me satisfizo y hoy trabajo por hacerlo mejor.

Usualmente el término legado se utiliza para referirse a lo que usted dejará como herencia a otros, quiero que lo analicemos no sólo en el plano material sino en todo sentido.

¿Qué tipo de legado espiritual, emocional y económico está usted construyendo para dejar a sus seres amados?

La empresa familiar es un espacio maravilloso para edificar un legado que perdure por generaciones. Ahora bien, algo que he constatado al trabajar con muchas familias empresarias es que tener una empresa próspera y una familia unida es muy difícil si no se cuenta con la gracia de Dios.

En nuestra humanidad es fácil sucumbir a la gratificación inmediata, a la falta de perdón, a dejar que resentimientos se arraiguen, al egocentrismo y vanidad. Todo eso nos desenfoca e impide ser la mejor versión que podemos ser como familia y empresarios.

Si realmente desea dejar un legado valioso cimiente su vida en Jesucristo y luego permita que le oriente en su toma de decisiones diarias a través de la Biblia.

¡El bienestar emocional y financiero de su empresa familiar sí es posible, un legado que perdure sí es posible, una mejor vida hoy sí es posible tomados de la mano de Dios!

Versículo bíblico

"... por mi parte, mi casa y yo serviremos al Señor."
(Josué 24:15 RVC)

Consejo práctico

Responda por escrito a la pregunta: ¿Qué tipo de legado espiritual, emocional y económico usted está construyendo para dejar a sus seres amados? Luego hágale la misma pregunta a su familia. Sus respuestas les servirán de faro en su navegar cotidiano.

Referencias Bibliográficas

Adams, John Stacy. 1963. "Toward an Understanding of Inequity." *Journal of Abnormal and Social Psychology*. 67. 422-436.

Aronoff, Craig y John Ward. 2001. *Family Business Values: How to assure a Legacy of continuity and Success*. Estados Unidos. Family Entreprise Publishers.

Aronoff, Craig, Stephen McClure y John Ward. 2011. *Family Business Succession: The Final Test of Greatness*. Estados Unidos. Family Entreprise Publishers.

Barnes, Louis. 1988. "Jerarquías incongruentes: hijas e hijos menores como consejeros delegados." *Family Business Review*. 1(1). 9-21.

Baygrave, William y Andrew Zacharakis. ed. 2004. *The Portable MBA in Entrepreneurship*. Estados Unidos. John Wiley & sons.

Carlock, Randel y John Ward. 2003. *La planificación estratégica de la familia empresaria: cómo planificar para unir a la familia y asegurar la continuidad de la empresa familiar*. España. Deusto.

Chell, Elizabeth. 2008. *The Entrepreneurial Personality: A Social Construction*. Estados Unidos. Routledge.

Corona, Juan y Julia Téllez Roca. 2011. El Protocolo Familiar. En *Empresa Familiar: aspectos jurídicos y económicos*. Juan Corona. ed. Barcelona. Deusto-Instituto de la Empresa Familiar.

Davis, John y Renato Tagiuri. 1989. "La influencia de la etapa del ciclo de vida en las relaciones de trabajo del binomio padre-hijo en las empresas familiares." *Family Business Review*. 11(1). 47-74

García, Salvador y Simón Dolan. 1997. *La dirección por valores*. Madrid. McGraw Hill/Interamericana de España, S.A.U.

Gersick, Kelin, Ivan Lansberg, Michele Desjardins y Barbara Dunn. 1999. "Etapas y transiciones: Gestión del cambio en la empresa familiar." *Family Business Review*. 12(4). 287-297.

Gimeno, Alberto, Gemma Baulenas y Joan Coma-Cros. 2010. *Family Business Models: Practical Solutions for the Family Business*. Reino Unido. Palgrave MacMillan

Kaye, Kenneth. 1991. "Comprendiendo el ciclo del conflicto permanente" *Family Business Review*. 4(1). 21-44.

Morrison, Allison. 2000. "Entrepreneurship: what triggers it?" *International Journal of Entrepreneurial Behavior y Research*. 6(2). 59-71.

Negreira del Río, Francisco y Jesús Negreira del Río. 2012. *El Buen Gobierno en la PYME familiar*. Santiago de Compostela. Andavira Editora S.L.

Rus, Salvador y Rosa Trevinyo-Rodríguez. 2011. Redefiniendo la empresa familiar. En *Empresa Familiar: aspectos jurídicos y económicos*. Juan Corona. ed. Barcelona. Deusto-Instituto de la Empresa Familiar.

Tagiuri, Renato y John Davis. 1996. "Atributos ambivalentes de la empresa familiar." *Family Business Review*. 11(1). 47-74.

University of St. Gallen. *Global Family Business Index*. Suiza. Accesado el 10 de julio de 2015 de: http://familybusinessindex.com/

Datos de contacto de la Autora

Escribir a: bienestar@renyrecarte.com
Visitar www.renyrecarte.com

Sería maravilloso conocer acerca de su experiencia con la empresa familiar y cómo éste libro le ha ayudado.

¡Gracias por su apoyo!

Acerca de la Autora

Reny Recarte es empresaria, consultora y profesora universitaria.

Su formación multidisciplinaria le permite trabajar con las empresas familiares desde un amplio enfoque profesional.

Desde muy joven ha sido parte de una empresa familiar, por lo que conoce de primera mano la dinámica especial que se vive en este tipo de empresa.

Es Consultora Sénior certificada por el Banco Interamericano de Desarrollo en la formación y consultoría de empresas familiares. Ha asesorado empresas que se encuentran dirigidas por sus fundadores como también empresas multigeneracionales.

Dirige la Cátedra de la Empresa Familiar del Centro de Capacitación Continua Desarrollo Integral. Ejerce la docencia a nivel de postgrado en diferentes universidades y dicta conferencias internacionalmente.

Es fundadora de Trascendencia de Amor, organización sin fines de lucro que enseña a los niños a ser emprendedores brindándoles recursos espirituales, cognitivos y financieros para desarrollar su máximo potencial.